中国少数民族人口丛书

维吾尔族

翟振武 主编

古丽巴哈尔/编著

中国人口出版社
China Population Publishing House
全国百佳出版单位

图书在版编目（CIP）数据

维吾尔族/古丽巴哈尔编著．—北京：中国人口出版社，2012.12（2022.7重印）
（中国少数民族人口丛书）
ISBN 978-7-5101-1501-1

Ⅰ.①维… Ⅱ.①古… Ⅲ.①维吾尔族—民族文化—中国 Ⅳ.①K281.5

中国版本图书馆CIP数据核字（2012）第284353号

中国少数民族人口丛书　维吾尔族
ZHONGGUO SHAOSHU MINZU RENKOU CONGSHU　WEIWU'ERZU
翟振武　主编　古丽巴哈尔　编著

责任编辑　魏小玲
美术编辑　刘海刚
责任印制　林　鑫　王艳如
出版发行　中国人口出版社
印　　刷　北京兴星伟业印刷有限公司
开　　本　710毫米×1000毫米　1/16
印　　张　10.75　插1
字　　数　147千字
版　　次　2012年12月第1版
印　　次　2022年7月第2次印刷
书　　号　ISBN 978-7-5101-1501-1
定　　价　45.00元

网　　址　www.rkcbs.com.cn
电子信箱　rkcbs@126.com
总编室电话　(010) 83519392
发行部电话　(010) 83510481
传　　真　(010) 83538190
地　　址　北京市西城区广安门南街80号中加大厦
邮　　编　100054

中国少数民族人口丛书编委会

序

如果把一个民族比作一颗星星，那我们就是生活在一个繁星满天的世界。当今世界上有约3000个民族，分布在200多个国家和地区，绝大多数国家由多个民族组成。中国也是同样，是由各族人民共同缔造的统一的多民族国家。在漫漫的历史长河中，生活在中华大地上的各族人民密切往来、交流融合、团结奋斗、休戚与共，形成了一个伟大的强盛的中华民族大家庭，共同开发了祖国的美好河山，共同推动了国家的发展和社会的进步。

在中华民族的大家庭中，有56个成员，其中有55个是少数民族。新中国成立以来，少数民族人口一直持续增长。1953年第一次全国人口普查时，少数民族人口总数为3532万人，占全国总人口的6.1%。2010年进行第六次全国人口普查时，少数民族人口总量达到了1.14亿，几乎是1953年的3倍，占到了全国13.4亿人口的8.5%。各少数民族人口数量相差较大，如壮族有1693万人，回族1059万人，满族1039万人，维吾尔族1007万人，而赫哲族只有5354人，塔塔尔族3556人，独龙族6930人。中国各民族的人口分布呈现大散居、小聚居、交错杂居的特点。汉族地区有少数民族聚居，少数民族地区也有汉族居住；许多少数民族既有一块或几块聚居区，又散居全国各地。中国少数民族聚居区大都地广人稀，资源富集。少数民族地区的草原面积，森林和水力资源蕴藏量，以及天然气等基础储量，均超过或接近全国的一半。全国2.2万多公里陆地边界线中的1.9万公里在民族地区。全国的国家级自然保护区面积中民族地区占到85%以上，是国家的重要生态屏障。中国各民族的起源和经济、社会、文化的发展有着本土性、多元性、多样性的特点，五彩缤纷，丰富多彩。

要全面认识中华民族，就要从认识每一个民族开始。正是从这个理念出发，我们编写了这套《中国少数民族人口》大型系列丛书，力图从历史、文化、经济、社会等各个方面，用准确、科学、生动的语言，全方位描述和展现各少数民族灿烂辉煌的历史和现状，编织出一幅绚丽多彩的中华民族大家庭的“全家福”。

编写这样一套大型系列丛书，难度非同一般。几经论证和深入研讨，最终形成了编写大纲，这套丛书各个分卷的作者绝大多数由少数民族作家担任，他们不仅熟悉自己民族的历史和文化，而且对本民族有深厚的感情。在国家新闻出版总署、国家人口计生委和中国人口出版社的大力支持下，作者们历经数年，几易其稿，终成此书。值此丛书出版之际，我们衷心地祈愿这幅“全家福”能为民族的交流和团结，为中国的文化建设，为整个中华民族的繁荣昌盛，作出一份微薄的贡献。

翟振武

2012年5月于北京

PREFACE

Every nationality sparkles like a star in the firmament. Now we have about 3000 stars distributed across the world in more than 200 countries, most of which are multinational. So is China, which consists of a number of nationalities. For centuries, all the nationalities have lived together, worked together and fought together, making China a prosperous unified multinational country.

Of all the 56 nationalities in China, 55 are minorities whose population has been increasing since the founding of The People's Republic of China. According to the first census in 1953, the minority population was about 35. 32 million, accounting for 6. 1 percent of China's total population. By 2010, the number had almost tripled. According to the sixth census, the population of the minorities amounted to 114 million, making up 8. 5 percent of the 1. 34 billion people in China. The population size of minority groups varies a lot. Some of them have a large population, for example, the Zhuang Nationality has a population of 16. 93 million; the Hui has 10. 59 million people and the Manchu consists of 10. 39 million people. Some of the minorities are quite small, such as the Hezhe, the Tatar and the Drung nationalities, which have populations of 5354, 3556 and 6930, respectively. China's nationalities live together over vast areas with some living in individual, concentrated communities in small areas.

Some minorities'concentrated communities are scattered among the Hans, and some Han people also live in the minority communities. Some minorities may have one or more concentrated communities, while their people spread all over the country. Most minorities'concentrated communities have their people sparsely distributed in large areas with abundant resources. The grassland, forest, water and natural gas reserves in areas inhabited by minority people account for about half of China's total. Further, 19 000 kilometers of the nation's 22 000-kilometer land boundary are in minorities'communities. In addition, 85 percent of the country's state-level natural reserves are in the minority areas, making the people important guardians of China's ecology. Each of the nationalities'origin is unique, and their development of economy, society and culture is full of variety.

Only by learning every aspect of the minorities'lifestyle can we have a comprehensive understanding of the Chinese nation. Under this notion, we write this series of books on the Population of China's Minorities to provide a detailed picture of our Chinese nation, with the glorious past and prosperous present of the country's minorities.

It is through trials and tribulations that we write this spectacular series of books. Most of the authors, who have profound knowledge of the minorities and wrote the books with their strong emotions, are members of minority groups. With the great support of the National Publication Foundation, the National Population and Family Planning Commission and China Population Publishing House, the authors completed the books after years of unremitting endeavor.

On the publication of this series of books, we are looking forward to seeing these books contribute to the unity of the Chinese nation and help our country flourish in the future.

Zhenwu Zhai
Beijing
May 2012

目录

Contents

第一章

民族起源和变迁

在中国西北边陲新疆，生活着一个能歌善舞、热情淳朴的民族——维吾尔族。维吾尔族生活的这片土地，长期以来被很多人认为是个神秘、美丽而又充满生气的地方。维吾尔族正是在这块辽阔的土地上，世代生息，用辛勤的劳动创造着自己过去和现在的文明。

第一节　乌古斯可汗——一个古老的传说

相传，在很久很久以前，阿依汗眼放异彩，生下一个男孩，取名乌古斯。他长得比天神还漂亮，脸是青的，嘴是火红的，眼睛是鲜红的，头发和眉毛是黑的。乌古斯生下来就不同凡响，只吸吮了一次母亲的初乳，就不再吃奶了，开始吃肉、吃饭、喝麦酒，并开始说话，四十天后就能走路、玩耍了。

他有着公牛一样的腿，狼一样的腰，黑豹一般的肩，熊一般的胸，全身长满了密密的毛。他牧放马群、打猎。在他生活的大森林里，不仅有许多河流，还有无数飞禽走兽。大森林里有一头凶恶的独角兽，它作恶多端，吞噬了许多人畜。乌古斯长大后，成为一位足智多谋、

夫子摄

无所畏惧的英雄，他杀死了独角兽，为人民除了害。一天，乌古斯正在膜拜上天，当夜幕降临时，忽然从空中降下一道比太阳还灿烂、比月亮还明亮的蓝光。蓝光中坐着一位美丽无比的少女，她笑的时候，蓝天也跟着笑，她哭的时候，蓝天也跟着哭，乌古斯爱上了这位少女，娶她为妻。乌古斯美丽的妻子怀了孕，一胎生下三个男孩，长子取名昆（太阳），次子取名阿依（月亮），三子取名尤力杜孜（星星）。过了一些日子，乌古斯出外狩猎，看到湖水中间的一棵树的树洞里坐着位少女，她也十分漂亮，眼睛比蓝天还蓝，发辫好似流水，牙齿好比珍珠，乌古斯对她一见钟情，也娶她为妻。这位美貌的女子同样为乌古斯生了三个儿子，长子取名阔克（天），次子取名塔格（山），三子取名塔格孜（海）。

英雄乌古斯深受百姓的爱戴和崇敬，人们拥戴他为王，做了国中的可汗。乌古斯大摆宴席，邀请四方百姓参加。大家品尝了各种美食，畅饮了各种美酒。宴会之后，乌古斯可汗向属下诸官和百姓宣称：“我是你们的可汗，你们拿起盾和弓箭随我征战；让族标成为我们的福兆，让苍狼作为我们战斗的口号；让我们的铁矛像森林一样，让野马奔驰

在我们的猎场。让河水在我们的土地上奔流，让太阳作旗帜，蓝天作庐帐。”从此，在金狼头旗帜的引领下，在乌古斯可汗的统率下，乌古斯大军开始了征战。东方阿勒通可汗自愿归附，与乌古斯结成了联盟。而西方的乌鲁木可汗（罗马皇帝）无视乌古斯可汗，于是乌古斯可汗挥师西征。一天清晨，当他们扎营在一座冰山脚下时，一只大苍狼在晨光中出现，苍狼自愿为乌古斯大军带路，在辽阔的伏尔加河畔，双方大军展开了激烈的战斗，最终，乌古斯大获全胜，乌鲁木可汗落败而逃。辽阔的西域大地上，乌古斯可汗声名远播，金狼头旗帜迎风飘扬，乌古斯大军威震四海。随后，乌古斯又征服了很多地方。

乌古斯可汗身边有位足智多谋、公正善良的银须皓发的大臣，梦中梦见一张金弓和三支银箭，金弓从东方一直伸延到西方，银箭则指向北方。醒后他把梦中所见告诉乌古斯可汗，乌古斯可汗遂派昆、阿依、尤力杜孜三子去向东方，派阔克、塔格、塔格孜三子去了北方，并把昆、阿依、尤力杜孜从东方拾来的金弓折成三截分给他们，把阔克、塔格、塔格孜从西方拾来的三支银箭分给他们。最后告谕诸子：“三兄长是弓，弓射箭；三兄弟是箭，箭要服从弓。”之后，乌古斯可汗召集大会，大摆宴席，把疆土分给了六个儿子。①

乌古斯可汗的传说在维吾尔族中流传久远，它为我们展示了乌古斯一生的英雄业绩。通过乌古斯可汗的南征北战，反映了维吾尔族形成及发展的历史。英雄乌古斯的经历，就是古代维吾尔民族由弱到强，发展壮大的历史写照。

第二节　维吾尔——联合、同盟、团结

“维吾尔”是维吾尔族的自称，是今天汉文对维吾尔语“Uyghur”

① 耿世民译：《乌古斯可汗传》，新疆人民出版社，1980年。

一词的音译。“维吾尔”作为民族的名称，形成的历史十分悠久。

历代汉文史籍中自北魏至明代，先后有袁纥、韦纥、回纥、回鹘、“畏兀儿”等音译。清朝时期，伊斯兰教成为维吾尔族全民信仰的宗教，此时的汉文文献资料多称为“回部”、“回子”或“缠回”（根据宗教人士头上戴有白布绕成的帽子的特点取名）。1934年11月29日，新疆省政府决定废除以前对维吾尔族的各种汉译写法，正式规定汉文写作“维吾尔”，此后这一汉译名称一直沿用至今。

关于“维吾尔”一名的由来和含义，中外史籍中有多种记载，主要有以下四种说法：

第一种说法认为，“维吾尔”具有“联合”、“结合”、“同盟”之义。这种说法主要来自14世纪波斯史学家拉施德·阿丁·法兹勒·阿拉赫，他在其名著《史集》第一编《关于乌古斯及出自其后裔和某些亲、堂兄弟的三十四部落·维吾尔（Auigur，今脱落前元音，变为uyghur）部落》中记载，乌古斯长大后由于皈依伊斯兰教，与信奉佛教的父亲、叔父们之间产生矛盾，并与他们开战。当时乌古斯的一些亲族与他联合，协助他；而另一些则站在父亲、叔父和兄弟们一边。对那些归服于他并成为他协助者的人，乌古斯赐以“维吾尔”之号，即“他和我们合并，并协助我们”之意。

第二种说法认为，“维吾尔”具有“依附”、“黏结”或“凝结”的意思。这一说法主要来自17世纪的史学家阿布勒卡孜·巴哈杜尔汗。他认为，“维吾尔”一词的意思是yapišghur（即依附或粘住）。

第三种说法认为，“维吾尔”的含义为“自食其力者”。这一解释来自11世纪维吾尔族著名学者麻赫穆德·喀什噶里的《突厥语大词典》。《突厥语大词典》中称“维吾尔”一词是由祖勒凯尔乃因（经后世学者考证即为亚历山大）所说的“inanhuzhurɛnd”演变而来，意思即“自食其力而不需依靠他人”。麻赫穆德·喀什噶里在书中写到，当

祖勒凯尔乃因前进到突厥人地区时，突厥可汗派了一支4000人的军队前去迎战。这支军队的头盔两边插着羽毛，向后射箭如同向前射箭一样准确。祖勒凯尔乃因感到十分惊异，于是说了“inanhuzhurɛnd”，此话的意思是在他们的手下野兽也逃脱不了，只要他们高兴，随时都可以将野兽猎获用来充饥。

第四种说法来自英雄史诗《乌古斯可汗传》。史诗中称，乌古斯建立国家后曾向四方发出敕令。敕令中写有“吾乃维吾尔人的可汗”。此传说曾被许多人采用，作为“维吾尔”一词含义的解释，认为“维吾尔”一词是乌古斯对他的人民的称呼。①

由于以上古老而不同的传说，学者对“维吾尔”一名的解释也各异。大多数专家学者认为“维吾尔”一词的含义应该是“联合”、“同盟”、“团结”，这更符合维吾尔族历史发展的轨迹。

第三节　维吾尔的族源——从漠北草原到西域大地

维吾尔族是一个多源的民族，最主要的来源有两支：一支是来自蒙古草原的回鹘人，另一支是南疆绿洲上的土著居民。这两部分人于840年大规模汇合，16世纪初逐渐融合成一个统一的、新的民族，即现代维吾尔族。

维吾尔族的族源，可追溯至公元前3世纪至3世纪：游牧于东起北海（今贝加尔湖）、西到额尔齐斯河和巴尔喀什湖之间的被称为丁零的游牧部落。4世纪以后，又被称为“铁勒”，因其使用一种“车轮高大，辐数至多”的大车，又被称为高车。他们分布于西起伏尔加河，东至兴安岭的东西万余里的欧亚北方大草原上。

在众多的氏族部落中，有一个汉文史籍中最早称为“袁纥”的部

① 维吾尔族简史编写组：《维吾尔族简史》，新疆人民出版社，1989年8月。

夫子摄

落。在4世纪时，袁纥还是一个力量比较弱小的部落，经常处于其他更强大部落或部落联盟的统治之下，与其他众多的小氏族部落一样，“随畜逐水草”，大致游牧于阿勒泰山东西、大漠以北广大地区。这一时期，在我国北方广大的草原上，各游牧部落或部落联盟之间，有时为了争夺草场牲畜而互相攻伐抢掠，有时又为互通有无而结成友好联盟。在这样一个政权起落频繁的情形下，袁纥不但没有离散消亡，反而不断发展和壮大。7世纪初，这时在汉文史籍中改写为“韦纥”的袁纥获得发展壮大的良机。因不满统治铁勒诸部的突厥统治者的残酷统治，韦纥便与仆固、同罗、拔野古等部，组成新的部落联盟，推选时健俟斤为君长。他们脱离了突厥的统治，并不断地扩大成员，力量迅速壮大。这个新的部落联盟，这时的汉文史籍称为“回纥”。

唐朝前期，称雄蒙古草原一时的突厥在唐朝军队打击下及内部争权夺利斗争中逐渐衰落，回纥便趁机发展壮大起来，成为大漠南北历史舞台上一支举足轻重的力量。回纥首领时健俟斤，注重发展生产，引进较为先进的铁器制造技术，使回纥势力更加强盛起来。时健俟斤之子菩萨有勇有谋，他死后，菩萨被推举为君长，630年，回纥联合邻

近的薛延陀部，共同进攻突厥。菩萨亲自带兵5000人，大破突厥10万之众，以少胜多，灭掉东突厥。此次胜利，使回纥的声威大震于北方。646年，回纥首领吐迷度又联合其他部落击败旧日盟友薛延陀部，势力更为强大。到7世纪后半期，回纥有“人口10万，胜兵5万”，成为漠北强大的民族之一，为8世纪中叶骨力裴罗建立回纥汗国奠定了基础。这时的回纥，据唐代文献记载，分为内九族和外九部，内九族又称为“九姓回纥”，外九部又称为“九姓乌古斯”，他们都是此后回纥汗国中的重要组成部落或部落联盟。

744年，在回纥首领骨力裴罗统治时期，回纥终于攻灭了后突厥汗国，建立了由回纥民族占统治地位的汗国，骨力裴罗自称“骨咄禄阙毗伽可汗”，建汗庭于鄂尔浑河上游的乌德犍山旁。史学界一般把这个汗国称为“鄂尔浑回纥汗国”，简称“回纥汗国”。汗国建立后，唐玄宗还册封骨力裴罗为“怀仁可汗”。汗国强盛时，势力“东际室韦，北抵金山，南跨大漠，尽有突厥故地”。

840年，由于统治阶层内部争权夺利的斗争，及连年不断的自然灾害，汗国政局混乱，经济遭受巨大损失，加上外部强族黠戛斯十万人入境，建立近百年的回鹘汗国解体。解体后回鹘汗国部众四处逃散，除一部分南下依附韦室部，后来逐渐融合到我国北方各个民族中去外，其他各部向西迁徙。其中一支在皇族成员庞特勤等率领下的15个部落向西迁徙，辗转到中亚地区，联合当地的葛逻禄等一些部落后，建立了喀喇汗王朝；一支回鹘十多个部落迁徙至今新疆东部地区，联合这一地区原已生活在这里的回鹘人、铁勒人等，后来建立了高昌回鹘王国；一支回鹘人迁徙到今甘肃河西走廊一带，与当地原有的回鹘等民族会合，建立甘州回鹘政权，一部分部众演变成近代的裕固族。在逃散的回鹘部众中，对维吾尔形成起重大作用的是联合中亚及新疆一些部落建立喀喇汗王朝和高昌回鹘王国的两支。

西迁之后，维吾尔族的生产方式由游牧逐步转变为以农业为主的定居生活方式。这一时期被称作“回鹘化”时期，亦即天山南北各地

高昌故城　夫子摄

诸族在文化上受回鹘影响，它是维吾尔族形成过程中最为重要的阶段。元、明时期，蒙古成吉思汗及后代统治天山南北各地，政治上的高度统一，以及蒙古贵族强行推广伊斯兰教的政策，促使天山南北各地政治上统一起来，居民皆皈依伊斯兰教，而且蒙古族使用回鹘文，接受当地民族经济制度和生活习惯，大部分蒙古族逐渐为畏兀儿（元代对回鹘之汉译名称）等当地民族所融合同化，使维吾尔族的发展增添了新的血液。到了清朝后期，随着社会经济文化的发展，维吾尔族又有了很大变化，并终于形成了有自己的语言、活动地域、经济形式以及共同心理积淀的新型近代民族。

第四节　“麦艾来”——维吾尔人的家

维吾尔族历史上的社会组织，主要是氏族部落组织。据汉文史料记载，回纥汗国建立后，有“内九族”和“外九部”之分。所谓内九

族即由九个血缘关系密切的部落组成的部落集团，它是回纥汗国的核心。外九部即由九个部落组成的回纥部落联盟。波斯史学家拉施特在《史集》中记载：维吾尔先民居住在忽惕—塔黑山区时，有一处地方有十条河，另一处地方有九条河。古代畏兀尔诸部的驻地就在这些河流沿岸、山里和平原上。沿十条河流居住的被称为温—畏兀尔，而居住在九河地区的，称为脱忽思—畏兀尔。温—畏兀尔即十姓畏兀儿或十部畏兀儿，即有10个分支的畏兀儿人；脱忽思—畏兀尔即九姓畏兀儿或九部畏兀儿，即有9个分支的畏兀儿人①。

西迁之后，维吾尔族先民逐步从游牧转入定居的以农为主的经济生产，原来的血缘组织逐步演变为以地缘为基础的村社组织——麦艾来。维吾尔族先民西迁至西域后，以吐鲁番盆地、塔里木河流域和塔克拉玛干沙漠边缘的绿洲为生存空间，形成了大大小小的城镇和村落。据魏源《圣武记》卷四记载，到17世纪中后期，南疆维吾尔族城镇有几十个，村庄约1000个。每城管辖许多小村镇。《西域图志》卷三三称维吾尔族“城村络绎，星罗棋布，几于烟火相望”。谓村落为“麦艾来”，每个村落都有“玉子伯克”（即百户长）一员，负责征收百户内赋税和差派徭役之事。另有一名“叩克巴什”（即管水者），负责管理耕地。据清朝统一新疆时的调查统计，当时的喀什噶尔拥有村镇16处，叶尔羌拥有村镇31处，和阗拥有大村镇6处，每一大村镇又各辖许多小村庄，英吉沙尔拥有村庄9处，阿克苏拥有村镇22处，乌什拥有村庄11处，拜城拥有村庄18处，赛喇木拥有村庄9处，库车拥有村庄97个，沙雅尔拥有村庄32个，哈密、吐鲁番和天山以北的维吾尔族地区亦有许多村庄，但无统计资料。有些村庄形成的历史很长，到清末或清朝之后逐渐形成县一级的行政单位或城市。如属于喀什噶尔的玉斯图阿图什、牌索巴特、托古萨克、岳普尔珊；属于叶尔

① 何星亮：《新疆民族传统社会与文化》，商务印书馆，2003年8月。

羌的玛喇尔巴什、巴尔楚克、坡斯坎木、哈尔哈里克；属于和田的伊里奇、哈拉哈什、玉龙哈什、克里雅、策勒等。

第五节　绿洲——维吾尔人的生存家园

一边是塔里木，一边是准噶尔，巍峨秀美的天山，像一条洁白的丝带，逶迤在莽原之间。维吾尔族就生活在那点缀其间似翡翠夺目的绿洲上。新疆是典型的绿洲经济区，随绿洲分布是新疆人口分布的一大特点。新疆有大小、条件迥异的绿洲500余处，新疆90%以上的人口生活在这些绿洲上。

840年，长期居住在漠北鄂尔浑河流域的回鹘汗国因天灾人祸不得不放弃苦心经营近百年并引以为豪的草原王国，向西实施规模巨大的民族大迁徙，也正是在这一时期，维吾尔人完成了从畜牧经济、文化与生活向农、牧、商并举的绿洲经济文化过渡的历史大转型。进入西域后，与当地原有居民经过长期融合，形成为近代维吾尔族，以塔里木河流域和塔克拉玛干沙漠边缘绿洲为生存空间，并在漫长的历史进程中，创建了独特的绿洲维吾尔文化。

现代维吾尔人居住的绿洲主要包括喀什绿洲、和田绿洲、阿克苏绿洲、吐鲁番绿洲和哈密绿洲，北疆地区的维吾尔人也基本上来自于这些绿洲地区。绿洲维吾尔人的农业生产方式与内地农业生产方式之间存有很大的差异。在绿洲的生产活动中，水是命脉。高山雪水、天然泉水和少量的地下水资源是绿洲水源的主要来源。伴随着种植业的开展，园艺业、饲养业在维吾尔族的生产活动中也占有很大的比例，形成了维吾尔族独特的绿洲生产方式。在维吾尔人的传统民歌以及地名中常常出现“巴格”（果园）和“其曼扎尔”（花园）等词汇。西迁至新疆后，维吾尔族仍然保留着草原情节，即表现在对羊、马等牲畜

的特殊情感上，直到今天，早已是以农业生产为主的维吾尔族仍很重视牛、羊等牲畜的牧养和饲养。

绿洲上的维吾尔族人　黄茵摄

维吾尔族是新疆的主体民族，全疆各地均有分布，但相对集中在天山以南。南疆的塔里木盆地周围的绿洲是维吾尔族人口的聚居中心，喀什噶尔绿洲、和田绿洲以及阿克苏河和塔里木河流域是维吾尔族人口最集中的地区，占全区维吾尔族总人口的70%以上；东疆的吐鲁番盆地也是维吾尔族较集中的区域；北疆的伊犁谷地、乌鲁木齐等地也有为数不少的维吾尔族居住。喀什地区的维吾尔族是全疆16个地、州、市最多的，有人口约360.68万（2010年），占全疆维吾尔族总人口的36.06%。在新疆一直流传着这样一种说法：到新疆不到南疆，就等于没到新疆，到南疆不到喀什，就等于没到南疆。这就是说，要想真正领略维吾尔族风土民情，就必须到南疆，尤其是要到喀什去观光游览。

现代维吾尔族人口分布状况基本上继承了历史上维吾尔族人口的分布特征。随着人口流动的频繁，维吾尔族人口的分布区域也扩大了，不仅新疆各地有了维吾尔族，全国30个省、直辖市、自治区也都可以找到维吾尔人的足迹，甚至在国外都有着维吾尔族的身影。

维吾尔族主要聚居在新疆维吾尔自治区境内，除新疆以外，全国各省、直辖市、自治区也有一些分布，北京市、上海、湖南、广东、浙江等省市维吾尔人口较多，均达到了5000人以上。2010年全国第六次人口普查，维吾尔族人口有10 069 346人，在少数民族中仅次于壮族、满族、回族，居第四位。其中新疆维吾尔族人口为10 001 302人，占全国维吾尔族总人口的99.32%。此外，维吾尔族在哈萨克斯坦、乌兹别克斯坦、吉尔吉斯斯坦、塔吉克斯坦、阿富汗、巴基斯坦、土耳其等国也有少量分布。

第二章

维吾尔人的精神灯塔

第一节　伊斯兰特色的绿洲民族文学

维吾尔族文学具有悠久的历史和丰富的内容，在维吾尔族文学宝库中，神话、传说、史诗、歌谣、民间故事、民间长诗、笑话、谚语等各种体裁的作品，犹如色彩斑斓、琳琅满目的宝石，闪烁着熠熠的光辉。

一、奇丽梦幻的神话传说

维吾尔族神话富有奇丽的幻想色彩，结尾常以英雄的胜利而告终。在神话中，熊、龙、七头女妖等是恶势力的代表，英俊的少年多是远古人类的代表，他在战胜恶势力中常常得到神马、狼、狗、宝剑、宝绳或德高望重的长者的帮助。

创世神话是世界各民族神话传说中一种非常古老的神话形式。在这类神话中，我们可以看到维吾尔族的先民们是以怎样惊人的想象力来描绘人类的起源的。

《女天神造亚当》是维吾尔族非常有名的创世神话，该神话具有浓厚的伊斯兰教色彩。传说真主的助手女天神，有一次因忘了按时向真主祈祷祝福，被真主从天上赶下来，独自在地上生活。女天神用泥土捏了一个男人，但泥人没有灵魂，不会讲话，她便祈求真主赐给泥人以灵魂。真主念女天神曾为自己做过不少事情，又已经认错，就满足了她的要求，向泥人吹了口气，于是泥人变成了亚当。女天神又用亚当的一根肋骨创造了一个女人，起名夏娃，让她做亚当的妻子，从此地球上有了人类。这个传说在维吾尔族中流传很广。

维吾尔族民间还广泛流传着不少有关图腾崇拜的传说，主要有《乌古斯可汗传》、《牟羽（卜古）可汗创国的传说》、《艾力·库尔班》等。

维吾尔族和其他突厥语诸民族，自古以来对狼既崇拜又害怕，视狼为勇敢、力量、吉祥的象征，因而敬若神灵。维吾尔族史诗《乌古斯可汗传》里，英雄乌古斯在出征的行军中也有狼领路和狼与可汗对话的情节。

二、机智幽默的民间故事

维吾尔族民间故事，内容广泛，风格多样，有的机智幽默，有的寓意深刻，大多表现了劳动人民鲜明的爱憎是非观念和顽强、乐观、风趣的民族性格特征。

《桑树下的阴影》，描述了一个吝啬刁钻的巴依不许长工们在他门前的树荫下歇凉，长工们集资买下荫影，随着荫影的移动，跑到巴依院子里、屋顶上开怀作乐，使得巴依叫苦不迭。

《三条遗嘱》，说的是一老汉临终前让三个儿子各找两根树枝，让他们每人折一根，三个儿子毫不费力地折断了树枝。可父亲让他们把所有的树枝捆在一起时，却谁也没有折断。于是老汉对儿子说了自己的三条遗嘱：一是希望他们和睦相处，团结就是力量；二是吃干馕没

味时，蘸上蜂蜜吃；三是第三条遗嘱去问他们的母亲。老汉死后，兄弟们和睦相处，但不劳动，吃馕时也蘸上蜂蜜，结果果园荒芜了。兄弟仨便去问母亲第三条遗嘱，母亲告诉他们，父亲在果园的一棵树下埋着元宝。于是兄弟仨把果园翻遍了，也未找到元宝，母亲虽然每天只送来了馕和开水，但他们却吃得很香。由于他们深挖了果园，果树上又结满了丰硕的果实。这个故事具有较深厚的讽喻色彩，它教育人们要依靠自己的双手，通过辛勤的劳动去谋求幸福。

维吾尔族是一个性格豪爽、富于幽默的民族，长期以来创造了大量内容深刻、饶有风趣的具有显著民族特色和地方特色的诙谐故事，除了数百年来，流传于天山南北，家喻户晓的《阿凡提的故事》外，还有《毛拉再依丁的故事》、《赛来依恰坎的故事》。这些故事的主人公都是聪明机智、善于斗争、性格幽默、语言诙谐的人物。

阿凡提故居　李鹰摄

《阿凡提的故事》在维吾尔族民间文学中占有重要地位，数百年来，广泛地流传于天山南北，深为广大群众所喜爱，阿凡提的故事在新疆各族人民群众中已家喻户晓，在全国各地也受到普遍欢迎。《阿凡提的故事》是以阿凡提这个虚构的人物为主人公，以讽刺和批评为特点，构思独特、语言幽默，体现了劳动人民勤劳、勇敢、乐观、幽默、富于智慧和正义感的品质，揭露和讽刺了封建统治者。如《懒汉》：阿凡提问一个懒汉："你过得怎样?"懒汉说："如果我能找到点什么，我就吃什么，找不到，就饿着。"阿凡提说："这样说来，你可真像我们城里的狗啊!"

《毛拉再依丁的故事》产生于19世纪初期的吐鲁番。当时，清朝统治者内部矛盾日益加剧，劳动人民对腐败无能的政府越来越不满，不断掀起反清的浪潮。在这种历史条件下，吐鲁番地区出现了很多带有浓厚地方色彩的关于毛拉再依丁的笑话故事。如《月亮为什么躲在乌云背后》、《惩罚与回敬》、《巴依的眼疾》、《因到水里去了》等。

如《月亮为什么躲在乌云背后》：一天，吐鲁番王问毛拉再依丁："为什么月亮常常躲进乌云背后？为什么太阳每天总要躲到山背后去?"毛拉再依丁说："晚上，穷人家的孩子饿得直喊妈妈，不停地要馕吃，月亮听到孩子的哭喊，心里很难受，便躲到乌云之后去了。白天太阳看到在巴依地里劳动的农民汗流浃背，热得直喘气，太阳同情这些穷人，就赶快躲到山背后去了。"

近年来出版的《依沙木的笑话》，是以伊犁地区"活着的阿凡提"依沙木所经历的现实生活为题材编出的新的笑话集，深受维吾尔人民的喜欢。

三、浪漫曲折的爱情长诗

长诗（dastan即叙事诗）在维吾尔文学中占有非常重要的位置。它源远流长，犹如一顶光彩熠熠的桂冠，无论古今都以勃勃生机发挥着自己的作用。

流传在维吾尔族民间的叙事诗很多，以反抗封建婚姻、讴歌婚姻

自主的爱情长诗居多，像《艾里甫与赛乃姆》、《塔依尔与祖赫拉》、《热比亚与赛依丁》、《帕尔哈德与西琳》、《莱丽与麦吉侬》等古典长诗，其艺术魅力不仅经久不衰，而且像光辉的里程碑一样继续牢固卓立。这些流传于民间的爱情故事常常成为历代诗人、作家进行创作的传统题材，并通过民间艺人们在节庆、集市和歌舞晚会上的演唱而家喻户晓，广为流传。

《艾里甫与赛乃姆》、《塔依尔与祖赫拉》是其中最为有名的描写青年男女爱情的叙事长诗，深受维吾尔人民的喜爱。

艾里甫与赛乃姆　古丽巴哈尔提供

《艾里甫与赛乃姆》主要叙述了艾里甫与赛乃姆的曲折爱情故事。国王阿巴斯之女赛乃姆公主和宰相艾山之子艾里甫经他们的父亲指腹为婚。两人自幼青梅竹马，长大后又同窗攻读，在耳鬓厮磨中产生了爱情。后因国王听信奸臣的挑拨，撕约悔婚，并将艾里甫一家驱逐流放异乡。身处异乡的艾里甫仍然怀恋着赛乃姆，赛乃姆也因思念艾里甫而生病。父王为了使女儿高兴起来，修造了一个漂亮的花园。艾里甫不顾艰难险阻潜入宫中当园丁。后来在好心人的帮助下，携赛乃姆私奔出走，幸福地生活在了一起。作品歌颂了纯洁的爱情，反映了维吾尔族人民追求幸福生活的强烈愿望。因其优美的语言及曲折的故事情节，长诗中的一些精美的段落被谱以维吾尔人民最喜闻乐见的民族曲调而被传唱，还被改编成话剧、歌剧和电影。1934 年在伊犁建立的“萨那伊奈底斯”艺术团首次将长诗改编成剧本，并在新疆各地多次演出。1980 年，由天山电影制片厂在长诗基础上改编的彩色故事片《艾里甫和赛乃姆》摄制成功后，在国内外引起了更广泛的影响。这首长诗成为中华民族文化宝库中的瑰丽珍宝。

《艾里甫与赛乃姆》的故事还被当代歌手刀郎创作成歌曲：

从小和你青梅竹马相约在天山下，
我们本来是天底下最幸福的人啊，
赛乃姆你是花丛中最美的石榴花，
艾里甫我却是博格达上孤独的阿卡（哥哥），
夜莺歌声在每个夜晚都会陪伴她，
我的琴声却飘荡在遥远的博格达，
为了爱情我被放逐在天涯，
莫非今生和你厮守变成了神话，
我寻遍天山南北我要找到你赛乃姆，
不管是跋山涉水历尽千辛万苦，
花园里种不出天山上的雪莲花，
不历经磨难我找不到今生的幸福。

《塔依尔与祖赫拉》是广泛流传在维吾尔人中的又一部叙事长诗。在古老的孔雀河畔有一个国家，国王和宰相因膝下无子而深感忧伤，他们在一个仙境般的果园里诉说愁肠时遇到一位老人，老人给了他们每人一个苹果，说只要他们的妻子吃了苹果，就可以得到子女，条件

是他们要廉洁公正，治理好国家，并在两个孩子成人后使其结为夫妻。一年后，国王得到千金祖赫拉，宰相得了公子塔依尔。国王愤然，想杀掉女儿祖赫拉；宰相却乐极生悲，从烈马上摔落身亡。几年后，国王悔恨当初的做法，重新找回未被杀害的祖赫拉，并让塔依尔入宫与祖赫拉共同学习，但从不提婚约之事。塔依尔与祖赫拉亲密无间，又从母亲那里得知祖赫拉是从小许配给他的姑娘，友情日渐发展，两人终于相爱。国王听后，非常气愤。命令把不识抬举的塔依尔钉入木箱抛入河水中。塔依尔被河水下游的哈拉扎木城的小公主救起，并被迫与之成亲，塔依尔郁郁不乐，无聊度日。一天，奉祖赫拉之命到处寻找塔依尔的商人在哈拉扎木遇到塔依尔，告诉塔依尔，祖赫拉对他的思念之情，塔依尔毅然随商人回到自己的国家，见到日夜思念的情人祖赫拉。正当他们倾诉衷肠之时，被一直梦想得到祖赫拉的卡拉巴图发现。他禀告国王，并抓获了塔依尔，塔依尔被砍头示众。塔依尔的死使祖赫拉无意恋世，她站在塔依尔坟前深情地呼唤着他，坟墓突然应声打开，祖赫拉飞身跃入，与塔依尔长眠地下。闻讯赶来的卡拉巴图看到祖赫拉已随塔依尔而去，也无心留世，遂自刎身亡。国王对祖赫拉的举动难以理解，但他不能让祖赫拉陪伴塔依尔，便将其分葬两处，在他们中间安插了卡拉巴图的坟墓。此后，塔依尔的坟顶长出一朵白玫瑰，祖赫拉的坟顶长出一朵红玫瑰，而卡拉巴图的坟顶长出了一株黑刺草。白玫瑰和红玫瑰越长越旺，枝叶相连。把黑刺草挤压窒息而死。这部长诗被称为维吾尔族的《梁山伯与祝英台》。它所采取的现实主义与浪漫主义相结合的创作手法，使这部长诗生动形象，感人至深。

四、率真自然的民间歌谣

维吾尔族民歌蕴藏极为丰富，就其内容可分为传统民歌和新民歌两大部分。传统民歌包括爱情歌、劳动歌、历史歌、生活习俗歌等类别。新民歌则是维吾尔族人民对于社会主义新生活的热烈颂歌，表现了人民对党、对领袖、对社会主义制度的无比热爱。维吾尔族民歌按其内容和形式的不同，分作叙事组歌和短谣两种。《突厥语大词典》中收录了大量民间歌谣，如“华冠丽服留自身，美味佳肴享他人，劝君殷勤多好客，自有众人传美名”。

维吾尔族民间叙事组歌是有一定情节的多段体歌谣，它是介于歌谣与叙事诗之间的一种民间文学形式，往往围绕一个主人公的活动来叙述，曲调固定，便于演唱。流传较广、思想性和艺术性较强的主要有《英雄萨迪尔》、《诺祖古姆》等。《英雄萨迪尔》共有51段，其内容是歌颂维吾尔族人民心目中的一位传奇式英雄萨迪尔的。《诺祖古姆》共70多段，约300行，它通过诺祖古姆这个少女的不幸遭遇，揭露、抨击了统治阶级的罪恶，歌颂了维吾尔族人民的斗争精神。

维吾尔族民间短谣的诗段很少，一般没有情节，演唱曲调不固定。就其内容主要分为劳动歌、生活歌、习俗歌、情歌、历史歌及新民歌等。这类歌谣都和人们的社会生活、生产息息相关。如《打场歌》使我们眼前呈现麦场繁忙劳动的情景。这首民歌的内容围绕麦场劳动，描述了劳动人民丰收的喜悦心情和打场的繁忙劳动。歌词内容配合打场活动，有板有眼，节奏鲜明，歌词中反复重唱的“LAY－LAY－LAY”就是节拍，既能配合人的动作，又能配合马、牛的动作。如：

大麦呀！大麦呀！
由风来分开；
远亲呀！近亲呀！
由死来分开。
来……来……来。

使劲踏吧，快快碾吧！我的马儿，
麦场要像个打场的样子；
扬起木锨麦草飞呀，
把分出的麦粒堆满场。
来……来……来。

在维吾尔族民歌中，以表现青年男女对爱情无比的忠贞和执着的追求，以及遭遇波折时的情歌占着极其重要的一席。维吾尔族自遥远的古代以来创造了丰富多彩的爱情歌谣。如：

天空布满乌云，
看不见皎洁的明月，
我心里疑惑，
是否能见到我的情人？

又如：

我愿作你天上的月，
照亮整个大地；
我想作你碗中的茶，
温暖你的双唇。

情人啊，别到麦加去，
这儿也有心灵的圣寺；
每日看着你的容颜，
胜过去麦加朝觐千次。

五、传世古典文学鸿著——《福乐智慧》、《突厥语大词典》

维吾尔族书面文学源远流长，文学遗产十分丰富。《福乐智慧》、《突厥语大词典》是维吾尔文学史上流传至今的两部文学鸿著。

《福乐智慧》是维吾尔族古典文学的杰出代表作，是11世纪喀拉汗王朝时期用回鹘文（古代维吾尔文）写成的一部长诗。全诗共85章，13 290行。长诗的作者是玉素甫·哈斯·哈吉甫。

《福乐智慧》这部长诗的情节并不复杂，作者通过塑造出的四个有象征意义的人物之间的对话，表达了对社会、法制、伦理道德、哲学、治国之道等问题的看法。作者巧妙地将长诗的对话描写与哲理性有机地结合起来，有很强的思辨性，读后给人以启迪。作者塑造的国王日出，象征着公正和法度；大臣月圆，代表了幸运；月圆的继任者贤明，是智慧的化身；修道士觉醒，代表着“知足”或“来世”。

> 国王日出励精图治，一心求贤，月圆慕名前来求见，以图报效国家，备受国王赏识，出任大臣多年。月圆辞世时，把自己的小儿子贤明托付给国王日出。贤明继承了父职，并遵守遗训，励精图治，国泰民安。国王再次求贤，派贤明三访其族人觉醒，但觉醒终不肯出仕。时光流逝，贤明也产生了归隐苦修的念头，觉醒劝他忠心报国。后来觉醒得了病，卧床不起，觉醒死后，国王和贤明非常痛苦，总是怀念他这位品德高尚的人，从此以后，贤明更加努力公正地工作，把国家治理得很好。

长诗的诗句绚丽生动，在艺术上达到了很高的水平。可以说，这部长诗是研究喀喇汗王朝社会及精神文化的一部百科全书。

《福乐智慧》现有三个抄本传世。第一个是维也纳抄本，1439 年在今阿富汗赫拉特城用回鹘文抄成，现存维也纳国立图书馆；第二个是开罗抄本，用阿拉伯字母抄成，19 世纪末在埃及开罗发现，现存开罗“凯迪温”图书馆；第三个是纳曼干本，也称费尔干纳本，用阿拉伯文字母抄写，比较完整，1914 年发现于乌兹别克斯坦纳曼干城，现存乌兹别克斯坦科学院东方学研究所。

《福乐智慧》这部维吾尔古典文学名著，以其独特的本民族文学形式，丰富了中华民族文学宝库。我国已故著名作家老舍在谈到这部作品时曾指出：“它不仅是维吾尔族的宝贵遗产，同样也是构成祖国文化历史的宝贵财富。”

《突厥语大词典》是诠释当时突厥语的语言辞书。它为我们提供了 11 世纪生活在广袤土地上的各突厥部族的历史、人文、风俗习惯、文化艺术等方面的珍贵材料，是中华文化史上的不朽巨著。

《突厥语大词典》是 11 世纪由维吾尔族著名学者麻赫默德·喀什噶里写成的，全书共三卷。《突厥语大词典》产生于喀喇汗王朝的鼎盛时期，作者出生和受教育的地方是喀喇汗王朝东部都城喀什噶尔。当时的喀什噶尔正是汗国东部的政治经济、文化和宗教中心。《突厥语大词典》深深植根于维吾尔族古老文化传统之中，是中世纪高度发展的维吾尔族文化的丰硕成果，是维吾尔族对中华民族文化作出的又一突出贡献。从《突厥语

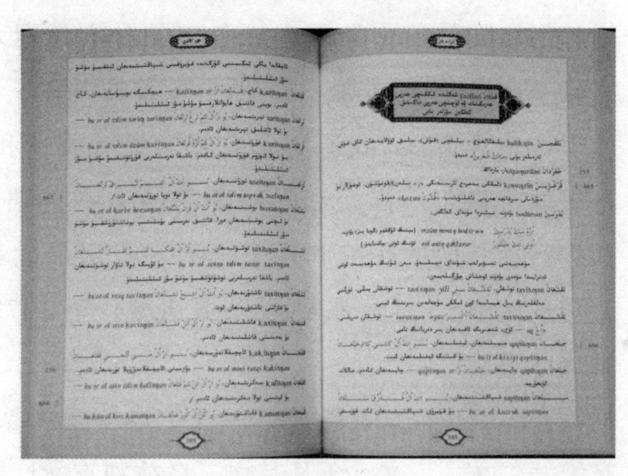

突厥语大词典　古丽巴哈尔提供

大词典》引用的300多首诗歌和大量的谚语可以看出，当时的文学创作非常繁荣，出现了不少具有较高水平的文学家和文学作品。

《突厥语大词典》具有很高的学术价值，内容涉及哲学、文学、历史、地理、天文、生物、医药、矿物、饮食、器物、风俗习惯等各个方面，是当时社会的一部百科全书。这部词典不仅是研究语言学的重要著作，也是研究新疆及中亚操突厥语各民族的政治制度、经济关系、风俗习惯、宗教信仰、部族起源、地理名称和文学艺术的重要文献。

麻赫默德·喀什噶里11世纪出生在喀什噶尔的乌帕尔村。他年轻时正值喀喇汗王朝文化学术兴盛时期，当时在喀喇汗王朝的首府喀什噶尔聚集着最有学识的各界名流。这些为麻赫默德的学习提供了很好的机会，他虚心向讲学和著书立说的学者学习，积累了丰富的知识。壮年时，麻赫默德·喀什噶里用了15年的时间，游历了新疆及中亚地区的绿洲、草原、山川，记录了从伊犁河流域到阿姆河、锡尔河之间的河中地区突厥各部的分布情况及其语言上的差异，为完成《突厥语大词典》打下了坚实的基础。他在《突厥语大辞典》的引言中写道："我遍历了突厥的所有城镇和村落，突厥、土库曼、乌古斯奇古尔、样磨和黠嘎斯等语言的韵语完全铭记在我的心中。在进行了长期的研究和探索之后，我用最优雅的形式和最明确的语言写成此书。"他后来到了巴格达城，于1072～1074年用阿拉伯语编成此书。

这部巨著自发现以来，一直受到各国学者们的关注。目前已出版有维吾尔文、汉文、土耳其文、乌兹别克文、俄文、匈牙利文、德文、英文等多文种的全译本或节译本。《突厥语大词典》已成为中华民族以及世界文化遗产中不可多得的文化瑰宝。2008年，是作者麻赫默德·喀什噶里诞生1000周年，联合国教科文组织把2008年定为"麻赫默德·喀什噶里年"。

第二节　能歌善舞的民族

歌舞，似乎可以说是维吾尔族的天性。人们常说维吾尔人“会说话便会唱歌，会走路便会跳舞”，能歌善舞是他们的天赋。长至百岁的翁妪，小到两三岁的幼童，情之所动，大都会翩翩起舞、引吭高歌。维吾尔歌舞，不但辉耀艺苑、饮誉中外，而且深深地植根于寻常百姓的生活中。平日里，维吾尔人在劳动工作之余，性喜聚谈，兴之所至即翩然起舞，引吭高歌。至于喜庆节日、婚娶典礼、庆祝丰收、联络友谊及睦邻邀请等活动，歌舞更成了不可缺少的内容。期间乐器伴奏，众人唱和，载歌载舞，充满了欢乐喜庆的气氛。

民族歌舞　古丽巴哈尔提供

一、视觉盛宴

维吾尔族素有“能歌善舞”之称，世世代代以来每逢节庆、各种喜庆的日子和劳动余闲，人们都要载歌载舞，抒发对生活的热爱。维

吾尔族舞蹈以其优美舞姿、欢快的节奏深受中外人民的喜爱。

维吾尔族的舞蹈最具新疆音乐特色，内容丰富多彩、舞姿矫健柔美、刚柔并济、变化多端，表现一种热烈奔放的柔和的美感。维吾尔族的舞蹈以它细腻深情般的舞蹈肢体语言，展示出维吾尔族人民的乐观的、积极向上的精神风貌。

维吾尔族的舞蹈艺术，具有悠久的历史传统，古代维吾尔族人民常以唱歌跳舞来表达游牧、狩猎的情景和丰收喜悦的心情。据《魏书·高车传》记载："合聚祭天，众至数万……游绕歌吟忻忻。"反映了维吾尔先民在漠北游牧时期盛大的萨满祭天仪式中的舞蹈活动。《突厥语大词典》中收录的《猎歌》"小伙子们去干活，摇下树上新鲜果，猎取野马与黄羊，让我们像过节般欢乐"，也反映了维吾尔族的先民们在狩猎归来之后，烧起篝火，载歌载舞的情景。

维吾尔族舞蹈　古丽巴哈尔提供

维吾尔族舞蹈不但继承和发展了自己的民间舞蹈，还广泛吸收了新疆地区、中原地区和东西方许多国家乐舞的精华，特别是古代新疆文化中心龟兹、疏勒和高昌的乐舞。当时广泛流行的《胡旋舞》、《胡腾舞》、《柘枝舞》以及吐鲁番地区维吾尔族的《乞寒舞》（即《苏幕遮》）等，对丰富和发展维吾尔民族的舞蹈艺术起了极大的作用。

维吾尔族舞蹈艺术含蓄、

优美，女性姿态柔软、舒展，男子则奔放、矫健。民间舞蹈擅长于头部和手腕的运用，通过移颈、头部的摇动和丰富多变的手腕，再加上昂首、挺胸、立腰等姿态，以及眼神的巧妙配合，使舞蹈色彩浓郁，别具一格。微颤（膝部）、旋转是维吾尔族民间舞蹈中最富有特色的表演风格。

维吾尔族舞蹈种类很多，在众多的传统民间舞蹈中，“赛乃姆”是维吾尔族最普遍的一种民间歌舞形式，广泛流传于天山南北城镇乡村，深为广大维吾尔族群众所喜爱。这种舞蹈非常自由活泼，没有固定程式的要求，舞者即兴表演。可一人独舞，两人对舞，也可三五人甚至更多的人同舞。舞蹈动作抒情优美，婀娜多姿。在喜庆佳节以及举行

民族舞蹈　夫子摄

婚礼和平常亲友欢聚时，维吾尔族人都要跳。“夏地亚那”（维吾尔语意为“欢乐的”）也是深受维吾尔族群众喜爱的一种民间集体舞蹈。舞

者人数多少不限，基本步伐以小跳步为主，两臂上举，手掌内外快速抖动，给人以欢乐、轻快之感。这种舞蹈在民间很普及，每逢节日和盛大集会，维吾尔族人聚集在一起，伴随着唢呐、纳格拉的音乐节奏，跳这种欢乐、明快的舞蹈，以尽情抒发欢乐的心情。在叶尔羌河畔的麦盖提、巴楚、莎车、阿瓦提等地，还盛行着富有地方色彩的"刀郎舞"，伴奏音乐称为"刀郎赛乃姆"、"刀郎木卡姆"，这种舞蹈带有维吾尔族人过去草原游牧生活的浓厚气息，保持着狩猎和战争的痕迹，表现了维吾尔族劳动人民英勇善战的性格。舞蹈动作粗犷，演唱曲调热情淳朴。舞会常常通宵达旦，尽兴而散。在吐鲁番等地区还流行着别具特色的"纳孜尔库姆"舞，这种舞蹈模拟劳动生活的动作，形式活泼自由，表情幽默、诙谐，多为男性即兴表演，以两人为一组进行。

此外，在维吾尔族传统的民间舞蹈里，还有一些是属于带道具的民间舞蹈形式，如盘子舞、萨巴依舞、手鼓舞、萨玛瓦尔舞、击石舞、火舞、鸡舞等，它们的共同特点是把道具和优美的舞姿融为一体，击打出悦耳动听的乐音，增加艺术感染力。

新中国成立后，维吾尔族舞蹈艺术得到了充分的发展和提高，舞蹈工作者在各种维吾尔族民间舞蹈的基础上编撰了《维吾尔族舞蹈基训教材》，并创作了许多优秀舞蹈节目。如手鼓舞《摘葡萄》、歌舞《喀什赛乃姆》、大型舞蹈《多朗麦西来甫》、《拉克》、《鼓舞》及《天山女工》等，受到国内外好评。同时涌现出一批国内外知名的舞蹈演员与编导。

二、打起手鼓唱起歌

新疆自古就被称为"歌舞之乡"，维吾尔族的音乐歌舞也早已名扬中外。维吾尔族民间音乐源远流长，继承了古代新疆的龟兹乐、高昌乐、伊州乐、疏勒乐和于田乐的艺术传统，保留着浓厚的民族特色和地域特色。

维吾尔族民间音乐调式丰富、色彩多样、不拘一格。有的质朴短小，富有乡土气息；有的又规模宏大，具有现代色彩；有的以热烈活泼、鲜明跳荡见长；有的以浓郁雍容、深沉悠长显胜。在长期的历史发展中，新疆各地的维吾尔族民间音乐都融注了本地生活的乳汁，形成了风格迥异的南疆、东疆、刀郎等色彩区。南疆色彩区范围较广，内容、形式又因地而异，和田民歌古朴短小，富有乡土气息；喀什民歌节奏复杂，调式丰富；库车民歌热烈活泼，具有鲜明的可舞性，隐隐透露着古龟兹乐舞姿的遗风；东疆色彩区包括哈密、吐鲁番等地，民间歌曲在结构、调式等方面，都同汉族、蒙古族民间歌曲有许多近似之处；刀郎色彩区的民歌风格粗犷，保留着古代从事游牧的刀郎人所喜爱的牧歌情调。

打起手鼓唱起歌　刘健摄

当我们观看维吾尔族歌舞时，总会听到清脆悦耳、节奏多变的鼓点声，舞蹈演员随着鼓点的节奏，时快时慢，时而如彩云旋转，时而如彩霞飞舞。这些鼓点出自维吾尔打击乐器——达甫，它被誉为乐队中的“灵魂”。达甫已有一千多年的历史，今天，无论是在婚庆活动中，还是在舞台上都能听到达甫那清脆响亮的声音。没有了达甫这种乐器的伴奏，维吾尔音乐舞蹈就会失去她的魅力。

维吾尔族乐器种类繁多，远在隋唐时期，龟兹等地就盛行五弦琵琶、曲项琵琶、箜篌、筚篥等乐器，并伴随西域音乐而传入中原。现在的维吾尔族民间乐器就是在继承古代西域各地乐器的基础上，并接受中外乐器的影响而发展起来的。维吾尔族的乐器制作精细，按其结构和演奏方式，有弹拨、拉弦、吹奏、打击乐器等数十种。

都塔尔、热瓦甫、弹拨尔、卡龙和扬琴等，都是维吾尔族男女老幼喜爱的弹拨乐器。都塔尔在维吾尔族中比较普及，家庭普遍备用，装有两根弦，多用作自弹、自唱。热瓦甫也是维吾尔族中比较普及的乐器之一，常常与其他乐器一起为歌舞伴奏，也用作独奏和合奏。喀什的热瓦甫琴身、琴杆和琴头上部以兽骨镶嵌出美丽而丰富的民族图案，既是民族乐器，又是精致的工艺品。弹拨尔是民族风格鲜明、声音响亮而优美的乐器，常作独奏和伴奏。卡龙也是维吾尔族古老乐器之一，多在演奏木卡姆时使用，在演奏中起领奏作用。

维吾尔族乐器　古丽巴哈尔提供

拉弦乐器有沙塔尔、艾捷克等。沙塔尔于10～12世纪在原琵琶（今多朗热瓦甫）和突厥古老乐器库布兹的基础上创制而成的，是演唱十二木卡姆的专用

乐器。艾捷克是维吾尔族民乐队伴奏和合奏中的主要乐器。

打击乐器有达甫（手鼓）、纳格拉（铁鼓）、萨巴依和恰赫恰克（对石）。达甫是维吾尔族古老的乐器之一，遍布天山南北，是乐队合奏和歌舞中不可缺少的打击乐器。纳格拉用于乐队合奏，音量洪大，传音很远。萨巴依与恰赫恰克，是本身碰击发声的乐器。萨巴依在民间多数为演唱“麦西来甫”伴奏。新中国成立前，有些在生活上遭受苦难的人或者是厌世不平者，披散须发，手执萨巴依在坟园墓地，悲愤歌唱，以抒发痛苦之情；也有的乞讨者，坐在路旁，手执萨巴依，唱着歌，向人乞讨。另外，它也是巴克西（巫师）用作为病人“驱邪”治病的乐器之一。恰赫恰克可以奏出多种节奏，能丰富乐队的表现色彩。

笛子、唢呐、喀纳依（长喇叭）、巴拉曼等吹奏乐器，也都是维吾尔族音乐舞蹈中使用范围较广、有悠久历史的乐器。

三、《十二木卡姆》与阿曼尼莎汗

《十二木卡姆》是一部巨大而完整的、几乎概括了维吾尔族人民数百年斗争生活及其所有艺术形式的音乐史诗，被誉为“维吾尔族音乐之母”、“东方艺术宝库的明珠”。

它集传统音乐、演奏音乐、文学艺术、戏剧、舞蹈于一身，表现了维吾尔族人民绚丽的生活和高尚的情操，反映了维吾尔人的理想和追求，以及在当时的历史条件下所产生的喜怒哀乐，是一部维吾尔民族音乐舞蹈完美结合的艺术瑰宝。这种音乐形式在世界各民族的艺术史中独树一帜，堪称一绝，是中华民族宝贵的精神文化财富。

《十二木卡姆》是十二套大组曲的意思，每套均由“琼纳格曼”、“达斯坦”、“麦西热普”三个部分组成，共有 170 多首歌曲和歌舞曲，72 首器乐间奏曲，包括序歌、叙诵歌曲、叙事组歌、舞蹈组歌、间奏曲及即兴乐曲等。体裁多样，节奏错综复杂，曲调极为丰富。伴奏乐器有沙塔尔、弹拨尔、都塔尔、热瓦甫、艾捷克、卡龙、达甫、萨巴依等。歌词多属著名诗作、歌谣和民间故事诗，具有有乐、有舞、有词的民族特点。如果把全套《十二木卡姆》全部演奏一遍，需要长达24小时之久。

《十二木卡姆》布偶　聂鸣摄

《十二木卡姆》流传于南北疆各地，演唱风格各具特色，但均保持其基本曲调，包括了古典叙诵歌曲、民间叙事诗歌、舞蹈乐曲和即兴乐曲等340多首。木卡姆因地区不同而分为“喀什木卡姆”、“刀郎木卡姆”、“哈密木卡姆”、“伊犁木卡姆”等。其中“喀什木卡姆”的规模最宏大，形式曲调最为完整。

说起《十二木卡姆》，就不能不提到叶尔羌汗国的王妃阿曼尼莎汗。阿曼尼莎汗是叶尔羌汗国第二代国王阿不都热西提汗的王妃，她是诗人、学者、著名音乐家及《十二木卡姆》的搜集、整理、规范者。尤其是今天新疆维吾尔族人表演的《十二木卡姆》，便是经过她和乐师们整理、规范后的音乐。

16世纪南疆的叶尔羌汗国，国势强大，疆土辽阔。这是自喀喇汗王朝之后维吾尔经济文化的又一次繁荣时期。年轻的阿不都热西提国

王是个爱护臣民的君王，常常私察暗访，了解民情。

阿曼尼莎汗出生在塔里木河的卡勒玛克戈壁，她天资聪颖、才华出众，不仅能歌善舞，还能诗能文。父亲马合木提是位勤劳、勇敢、

阿曼尼莎汗墓 古丽巴哈尔提供

朴实、善良的打柴人。一天，阿不都热西提汗率领大臣、官员来此打猎。到了夜晚，他穿着破旧的衣服，化装成农民，和一位侍从来到马合木提家投宿，借以了解百姓的苦乐、人民的心愿。阿不都热西提汗进屋后，目光落在了墙角上挂着的弹布尔琴上。于是，就请主人弹几首乐曲。马合木提说：这琴是我 13 岁的女儿的，就让她为你们弹上一曲吧。聪明美丽的阿曼尼莎汗没有拒绝客人的要求，她用纤纤玉指娴熟地弹唱了《十二木卡姆》中的《潘吉尕木卡姆》的选曲。美妙的琴声使阿不都热西提汗万分惊喜，更令他惊奇的是，阿曼尼莎汗竟然自己填词演唱起来：

我们的主啊，万分感谢您，
您把一个公正的人封为国王，
阿不都热西提汗为弱者穷人遮住炎阳。
乃裴斯啊，要为神圣的真主祈祷……

歌声刚落，阿不都热西提汗便问道："名叫乃裴斯的诗人是谁？这首歌曲的歌词是从哪儿学的？"姑娘回答："乃裴斯是我的笔名。"酷爱音乐和文学的国王没想到幸运地遇上了才貌双全的阿曼尼莎汗。他回到临时驻地，头戴王冠，披上斗篷，准备了十只羊和茶叶绸缎，带上众官员，再次来到马合木提家，公开自己的身份，请求主人把女儿嫁给他。于是他和阿曼尼莎汗喜结良缘，幸福地生活了20年。

《十二木卡姆》选段　金炜摄

进入宫廷后，阿曼尼莎汗在国王阿不都热西提汗的支持和宫廷乐官喀迪尔汗的协助下，邀请各地熟悉木卡姆的民间艺人，对散失在民间的木卡姆进行了系统的搜集整理。根据维吾尔族木卡姆的民族调式特点，将当时相对杂乱的木卡姆删除、整理成十二套木卡姆，形成了木卡姆特有的琼乃合曼、达斯坦和麦西莱甫三部分结构；还重新确定了木卡姆的歌词。经过改革的维吾尔木卡姆，变得健康高雅、清新动听，讴歌公正与善良、幸福和爱情，成了《十二木卡姆》永恒的主题。这一改革使木卡姆在民间更广泛地流传。

阿曼尼莎汗还怀着满腔激情，创作了一套《依希热恩格兹木卡姆》。前些年，在全国人大常委会副委员长铁木尔·达瓦买提的组织、领导下，在新疆有关学者、专家们的努力下，这部“激人欢乐的乐章”木卡姆已被挖掘整理出来，并出版问世。

第三章

宗教信仰与禁忌习俗

现代维吾尔族信仰伊斯兰教。在信仰伊斯兰教之前，维吾尔族先民曾信仰过原始宗教、萨满教、摩尼教、祆教、景教、佛教等多种宗教。这些宗教对维吾尔族人民的精神生产曾产生过重大的影响。

第一节　宗教信仰

维吾尔族的宗教信仰，经历了一个从自然崇拜到鬼魂崇拜，从多神教到一神教，从自发宗教到人为宗教的历史过程。

一、古老的信仰

远古时期，维吾尔族先民与世界上许多民族的先民一样，对自然界中许多变幻莫测的现象无法理解，并且束手无策，从而产生畏惧心理和神秘感觉，认为周围各种事物存在着一种超自然的力量，便对自然界中的日月星辰、动植物等加以崇拜。在现代维吾尔族信仰及习俗中至今仍保留有不少遗迹。

对天神——腾格里的崇拜　维吾尔先民对苍天、日月星辰怀有神

秘、喜爱的感觉，由此产生了对天体星辰崇拜的观念。

维吾尔先民十分崇拜天神——腾格里，认为天神腾格里是主宰一切的神，人类的一切，包括土地、食物、牲畜、权力、寿命、战争、胜败，甚至妻子儿女等都是上天腾格里所赐。“腾格里”是阿尔泰语系突厥语族和蒙古语族诸部族对“天”的称呼。《乌古斯可汗传》记载有乌古斯可汗立 13.3 米高的木杆，杆顶挂鸡，杆下拴羊的祭天方式。《乌古斯可汗传》里有多处提到腾格里，如“腾格里给你大地”、“腾格里面前我履行了自己的职责”、“愿腾格里梦中启示，我们应验”等。甚至乌古斯可汗的第一位妻子就是在他“祈祷腾格里”时，随蓝光从天而降的。随着维吾尔族宗教信仰的历次改变，“腾格里”一词被多次赋予新意。在信奉琐罗亚斯德教时，被用以称呼该教的至高神阿胡拉·玛兹达为“艾兹罗阿腾格里”，至信奉佛教时期，被用以称呼“佛祖”为“波尔汗腾格里”。在改信伊斯兰教后，又被用以称呼伊斯兰教的尊神“安拉”。在近现代，“腾格里”一词被阿拉伯语的“安拉”和波斯语的“胡大”所代替。

维吾尔先民除对天神腾格里崇敬以外，对太阳、月亮、星辰也十分崇敬。新疆罗布泊地区考古发现的“太阳墓”，是由排列得井然有序的木桩组成的像初升的太阳光芒四射的图案。在新疆发现的古代岩画中，亦多有太阳的形象，这表明生活在这里的远古居民存在着对太阳的特殊崇拜。据文献记载，维吾尔先民突厥即有敬日习俗。《周书·突厥传》记载：可汗处于都斤山，牙帐东开，盖敬日之所出也。《乌古斯可汗传》记载，乌古斯可汗的号令中有“让太阳作旗帜”之语。月亮在古代维吾尔人的心目中也占有重要地位，维吾尔人往往以月亮的盈虚变化为准，安排自己的活动，因而产生了对月亮崇拜的观念。据文献记载，维吾尔族先民曾有礼拜月神的习俗。此种观念在现代维吾尔人中仍有留存。如忌讳朝太阳、月亮方向吐唾沫、大小便等，不能在月光下做秽亵之事，认为那是对太阳、月亮极不尊敬的行为，是罪过。一旦出现日食，人们敲打锅盆，或做布施、诵经，祈求太阳尽快恢复原形。因崇尚、喜爱月亮，维吾尔族人名、地名中亦多用“月亮”一词，如“阿依汗”、“阿依努尔”、“艾丁湖（月光湖）”等。

太阳墓发掘现场 海风摄

星星亦为维吾尔先民所崇拜，认为星辰位置的变化预兆着人间的祸福，并在长期的生产、生活实践中，逐渐掌握了星辰移动的规律，并借以安排狩猎、游牧、农耕活动。至今一些人仍然认为地上有一个人，天上即有代表他生命的一颗命星；那颗命星陨落，他就死了。在民间诗歌中，常把自己的心上人比作星星，日常生活中人们也常用星辰的名字给女孩子命名，如 qolpan（启明星）、yultuz（星星）、aysen_yusen（彩虹，一般用于男性双胞胎）等。

狼祖神话与苍狼崇拜 在突厥语诸部族对动物的崇拜中，狼被普遍认为与自己的祖先有血缘关系，并被视作氏族部落的保护神和图腾。突厥语部落有许多关于“狼祖”、“狼生”的传说。

维吾尔族先民高车部认为其祖先是一只公狼，传说为匈奴单于之

女配与狼为妻，繁衍成族。回纥人的狼祖传说也源自于此。古代维吾尔人不仅把狼视为其先祖，当作神灵崇拜，而且以狼为图腾，把狼的形象绣在旗帜上。据《新唐书》记载，回纥纛旗上常饰以金狼头，叫作“狼纛”，插在牙帐前面，遇大事或典礼，必先向狼纛行拜礼。

苍狼在突厥语民族的观念中是神力的化身，对苍狼的崇拜实际是对“力”的崇拜。在维吾尔民间神话传说中，狼被视为能给人以生机、维护安宁、驱邪降福的吉祥物，是人们的护身符和民族的守护神，失去了往日的凶残，成为惩恶扬善的动物。当维吾尔人战败，面临着全军覆没时，是苍狼使他们摆脱困境，得以生存。神话《神狼救助维吾尔》为我们讲述了一段神奇的历史：一次，维吾尔人打了败仗，他们被敌人围困在一个山腰上，无路可走，面临全军覆灭的危境。这时，突然见一只狼朝山的方向走来。处于险境中的维吾尔军民尾随着这只狼走到山脚下，跟随狼走进一座山洞，在黑暗的洞穴里走了很长的时间，走到了山洞的另一个出口，眼前顿时变得豁然开阔、明亮起来。展现在他们面前的是一个水草丰茂的大草原。维吾尔人从死亡线上被拯救出来。从此，他们视狼为神圣的动物加以崇拜。[①]

《乌古斯可汗传》中对苍狼的神力进行了大力的渲染和描述，在乌古斯开始征讨乌鲁木汗途中路宿野外时，“亮光中出现一只苍毛苍鬃的大公狼。苍狼对乌古斯可汗说‘喂、喂，乌古斯，你要去征伐乌鲁木；喂、喂，乌古斯，让我在前面来带路！’乌古斯可汗起营上路了，只见队伍前面，走着一只苍毛苍鬃的大公狼”。[②] 在这头大公苍狼的指引下，乌古斯可汗在几次战斗中大获胜利。

狼还是维吾尔族男子和英雄的代名词。麻赫默德·喀什噶里在

---

① 阿不勒哈孜·巴哈迪尔汗：《突厥世系》，1990 年版。戴佩丽著：《突厥语民族的原始信仰研究》，中央民族大学出版社，2002 年版。

② 耿世民译：《乌古斯可汗的传说》，新疆人民出版社，1980 年版。

《突厥语大词典》中亦提到，突厥人在听说谁家有新生儿时，不问生的是男还是女，却问生的是狼还是狐。妇女生了男孩，产婆便说生了狼，寓意着让男孩像狼一样英武、强健；若是女孩便说是狐，寓意着让女孩像狐狸一样妩媚、讨人喜欢。现在维吾尔族中仍保留有许多崇尚狼的习俗：把狼骨放在产妇身边、挂在婴儿摇篮上、出门时带在身上等，以求神灵保佑。

树生瘿神话与植物崇拜 古代维吾尔人以植物为衣食来源之一，视各类植物为“神圣”的。特别是对树木更为崇拜，把它们视作自己民族的始祖，并流传有“树生”的传说。

胡杨树 古丽巴哈尔提供

汉文史料《亦都护高昌王世勋碑》、波斯文史书《世界征服者史》中记载了树生瘿，瘿裂生五小儿，其一名卜古（也译作不可斤），长大后成为维吾尔人君长的故事；《乌古斯可汗传》描述了乌古斯可汗娶树洞中的姑娘为妻，生下三子的故事；以及口头流传在维吾尔族中的《神树母亲》等都反映了古代维吾尔人崇敬树木的原始信仰。

《世界征服者史》记载了这样一个神话传说：维吾尔人祖先居住的土拉河与色楞格河交汇之地，并排长着两棵大树。一天，两树中间冒出一个大土丘，一道光线自天而降，照在土丘上。土丘日益增大，看到这个奇迹，维吾尔人很是惊异，怀着敬畏虔诚的心情走近土丘，他们听见从里面传出歌唱般美妙悦耳的声音，每天晚上都有道光线照射在那座土丘三十步周围的地方。有一天，宛若孕妇分娩，土丘裂开一扇门，中间有五间像营帐一样分开的内室，室内各坐着一个男孩，嘴上挂着一根供给所需哺乳的管子，帐篷上则铺有一张银网。部落的首领们来观看这桩怪事，畏惧得顶礼膜拜。当风吹拂到孩子身上，他们变得强壮起来，开始走动。终于，他们走出石室，被交给乳母照管，同时，人们举行种种崇拜的典礼。能够说话时，马上就询问自己的父母，人们把这两棵树指给他们看。他们走近树，像孝子对待父母一样跪拜，对生长这两棵树的土地，也表示恭敬和尊敬。这时，两棵树突然发出声音："品德高贵的好孩子们，常来此地走动，恪尽为子之道。愿你们长命百岁，名垂千古！"当地各部落纷纷来观看这五个孩子，犹如对王子一样尊敬他们。大家离开的时候，给孩子各取一名……这五个孩子中最小的一个叫不可斤，因为长得英俊秀美，才智出众，又懂得各族的语言文字，被拥立为汗王。神还赐给不可斤汗通晓各国语言的乌鸦，帮助汗王了解国情，传递信息。这则族源神话，透露了维吾尔族人对大树的崇拜。

在现代维吾尔族人中，仍然存在着崇拜树木及其他植物的遗俗。如院里、田边、路边的独树，特别是老树，不允许砍伐；人患了病，或妇女不孕，或有其他什么祈求，在"圣树"上悬挂各色布条，以求吉祥；对农作物，特别是粮食、面食品尤为崇敬，不许踩踏，用布片包上植物的茎叶、籽儿，做成符绦，念几句咒语，挂在小孩的脖子上或摇篮上，以驱邪除病；等等。一些地方的维吾尔族人还崇拜桑树，认为桑树树龄满 40 年，即为神灵所居，桑树上居住着许多类似小鸡的精灵。这种树一般不砍伐或移栽，若挡住了门户，也只能另在别处开门。

儿童灵魂的守护神——乌麦女神 突厥语诸民族普遍崇敬生育女神乌麦（Umay），认为敬拜乌麦便能多子多福。在突厥语民族的观念中，乌麦是一位守护儿童灵魂的保佑女神。她住在蓝天白云中，在天际窥视着人间每一个新生命的降生，并保护他们免遭病患。在西迁后的回鹘当中，乌麦作为负责生育的女神而受到崇拜，麻赫默德·喀什噶里在《突厥语大词典》中有关乌麦一词的解释为：乌麦是女人生孩子之后的胎盘，她们用胎盘来占卜，认为如果信奉乌麦就能生儿子；同时记载有“祈求乌麦，可得子”的一则谚语。

乌麦女神崇拜实际上也反映了女性生殖崇拜。至今在维吾尔族中还有乌麦女神崇拜的痕迹。在伊斯兰教传入较晚的哈密，乌麦的名字不仅存在，而且人们仍将其作为儿童的保护神来崇拜。在给初生的婴儿洗澡的时候，洗澡的人会对婴孩说“给你洗澡的不是我，而是乌麦阿娜的手”；当婴儿在睡眠中笑或哭时，大人们会说“这是乌麦在让孩子笑或哭”等。

现代萨满——“巴克西” 萨满教是原始宗教的一种晚期形式，因阿尔泰语系满—通古斯语族各部落称巫师为“萨满”而得名。多桑《蒙古史》中说：“畏吾儿先人奉之宗教为珊蛮教，与亚洲北方诸部落同。其教之巫师曰珊蛮（Caman）。”① 突厥语族的维吾尔、哈萨克等民族一般称男巫为“喀木”（Qam），女巫为“乌答有”（Udayu）等。接受伊斯兰教后的维吾尔等民族，则将早期萨满教遗留下来的巫师，称为“巴合西”（Bahxi）、“皮尔洪”（Perhon）、“达罕”（Dahan）等。

萨满教将宇宙分成上、中、下三界和若干层次，上界为天堂，众神所居，又分七层，最权威的神灵居最上层，其他住在以下各层；中界即人间，人类和动植物所在；下界为地狱，也分若干层，分别为祖

① 冯承钧译：《多桑蒙古史》卷一，中华书局，1962年版。

神、一般亡灵和大小魔鬼所居。人类夹在中间，受着神灵赐福和魔鬼布祸的影响。萨满教奉“腾格里”为尊神，相信万物有灵魂和灵魂不灭，并具有自然崇拜、图腾崇拜、祖先崇拜和多神偶像崇拜的特点。萨满是沟通人天通道的媒介，以神偶、铃鼓等为法器，降神作法禳灾驱鬼治病。

欢快的现代萨满舞　金炜摄

萨满都有一套从事宗教活动的服装和法具。服装主要有神帽和神衣等。近现代维吾尔族萨满的神帽与普通人的帽子大致相同，或为圆形小帽，或为三角毡帽，颜色多为白色或灰色。但有的萨满作法时不戴神帽，留着很长的头发，披散在肩头及脑后，有时遮住面部，其扮相有浓厚的神秘色彩。女萨满无神帽，一般多梳小辫，垂于脑后及耳侧。维吾尔族萨满神衣与普通衣着没有区别，但作法时须穿白色，有些萨满在作法时穿妇女的长裙。

维吾尔族萨满使用的法具主要有神鼓、神鞭、神剑、神绳、神镜、神灯等。神鼓是萨满活动不可缺少的通知神灵降临附体的法具，又是萨满想象中奔驰于阴间鬼魂世界的骑乘。维吾尔族的神鼓为浅框圆形单面手鼓，无鼓槌，也无任何图案或装饰。神剑是萨满同鬼神交战时最有力的武器，约长 35 厘米，双刃、木柄，在剑身与木柄之间穿有 3 个铁环，舞动时哗哗作响。神鞭不仅是萨满与恶鬼斗法时使用的武器，同时也可成为萨满乘载的工具，维吾尔族萨满的神鞭一般为三叉皮鞭。萨满常使用的法具还有神绳，用白羊毛搓成，作法时将神绳从天窗垂直拉下，钉入地下，象征着宇宙树干。还要取枣树枝作为神树枝，将其插系在竖立的神绳顶端，表示宇宙之枝杈，以供神灵栖息用。维吾尔族萨满还使用神镜，为一般的小圆玻璃镜，在为人驱邪治病和占卜时使用，以驱赶恶灵。神灯在维吾尔族萨满中也常使用，为一般的小油灯。作法时神灯为神灵引路，又称“鬼灯”。

萨满为病人跳神、驱鬼，是平时重要的宗教活动，也是通神的主要方式。牲畜走失或连续死亡、丢失财物等，往往也要请萨满来跳神消灾，或提供寻找方向。

8 世纪中叶，摩尼教传入漠北回鹘并被牟羽可汗立为国教，萨满教逐渐被摩尼教所代替。萨满教作为一种宗教信仰，虽然为维吾尔族所放弃，但它的影响还一直保留到今天。维吾尔族民间为人驱邪治病、占卜、解梦、相面的“巴克西”和“皮尔洪”，也就是古时候的萨满，他们为人祛病消灾时跳的“皮尔洪”舞，实际上就是古代的萨满跳神舞。

在维吾尔族民间，巴克西主要是为人跳神治病。此外，原来由萨满司职的行巫术求雨、消灾、占卜、祭祖等活动，在南疆一些地方则是由谢赫、海兰达尔或巴克西主持。这些谢赫、海兰达尔和巴克西满足了民间部分群众对萨满教遗留下来的一些旧习俗和祭祀方面的需求。

麻扎朝拜是南疆维吾尔族农村比较普遍的一种习俗。在麻扎朝拜里，可以看见大量的萨满教和其他旧宗教的遗留。正式的祭礼结束后，人们在麻扎周围跳“萨玛舞”，这种舞蹈的动作与萨满跳神的动作十分相似，现在普遍认为它是模仿萨满而形成的一种有祭祀意义的舞蹈。

被赋予神力的食盐　维吾尔族人把盐视为圣物，加以崇信，求其保佑。这不仅是因为它在生活中不可缺少，更重要的是维吾尔族人相信食盐具有一种超自然的神奇力量，可以作用于人的吉凶、祸福和顺逆，影响人的命运，左右人的一生。

维吾尔人相信祝吉求福的语言能够给人带来意想不到的顺利和幸运，同样诅咒也可以置人于逆境和不幸。所以，维吾尔族人就借助食盐的“神力”来诅咒人，不孝的子孙一般被诅咒为“土孜阔尔（忘恩负义）”。“土孜”是盐，“阔尔”为盲人的意思。这两个彼此毫无关联的名词被凑在一起，便合成为“我用盐使你变成瞎眼”的诅咒。这通常是父母对不孝子女使用的非常严厉的咒骂语。但做父母的一般不轻易用这句话来诅咒自己的孩子。由于人们对用盐来诅咒的效能的崇信，在民间人们议论某某人总受穷时，往往会说：“他可能受到过他母亲的诅咒，所以没有好日子过”之类的话。

维吾尔族人生活中的许多习俗禁忌与此信仰有关，人们发誓言时常说：“以盐为证。”

在维吾尔婚俗中，必不可少的一项仪式就是在阿訇念完“尼卡”（证婚）仪式后，让新郎和新娘各吃一小块儿在盐水里浸泡过的馕。这是维吾尔人古老的习俗，人们相信新婚夫妇吃了在盐水里浸泡过的馕，由于盐的神力的传导作用，在今后的婚姻生活中两人能同甘共苦，使爱情长久、家庭巩固。当然，民间还认为谁先吃到馕，在今后的婚后家庭生活中谁的话就有分量、就有权威性，就会在家庭中处于显要的地位。这实际上也是一种借助盐的神力来实现婚姻美满的求吉巫术的遗风，现在它只被作为增添婚礼气氛的仪式了。

二、多元宗教和谐共处

公元前1世纪七八十年代，佛教首先传入于阗地区，标志着新疆地区宗教信仰已从自然宗教进入人为宗教的阶段，同时这时期也是以佛教为主，袄教、摩尼教、景教等多种宗教信仰并存的时期。佛教在2世纪以后逐渐发展起来，魏晋至唐宋是西域佛教的隆盛时期，形成了以于阗、龟兹、高昌为代表的西域佛教文化。在佛教流传的同时，波斯宗教袄教也在西域传播。当时的汉文史籍在《西域传》“疏勒”、“高昌”、“焉耆”等条下有“俗事天袄神”或“俗事天神，兼信佛法”等记载，充分说明袄教在西域的地位。波斯另一种宗教摩尼教也在西域流传，虽然传入的时间和传播情况缺乏记载。但至少在9世纪后，随着信奉摩尼教的回鹘人迁入西域而广为流传。景教在6～7世纪传入，宋元时期得到广泛传播。疏勒、叶尔羌、于阗、轮台、高昌、哈密、阿力麻里等地曾是传教区。

袄教 袄教即琐罗亚斯德教，我国俗称“拜火教”。袄教在波斯萨珊王朝定为国教后，开始向西域传播，大约在公元前4世纪传入新疆。维吾尔先民回鹘自漠北西迁后，亦同时崇奉袄教。唐代以后，袄教在新疆虽呈衰落之势，但一直到伊斯兰教传入新疆后，袄教才逐渐在各地消失，其遗风仍然存在于维吾尔民间。《西域图志》卷三十九记载：每年两次，众人赴玛扎尔（麻扎）礼拜诵经，张灯于树，通宵不寐。朝拜者还在土块上刻个窝，里面放上火籽，点燃后置于麻扎周围；不少地区的维吾尔族新郎、新娘结婚这天还有要跳过或绕过火堆以避邪气的习俗。哈密、墨玉、叶城等地保留至今的民间舞蹈《拜火舞》、《灯舞》等。新疆维吾尔等民族的重要节日“诺吾茹孜节”就源自于袄教，是袄教教历规定的年首之节——新年元旦。

摩尼教　摩尼教是伊朗古代宗教之一，由今伊朗人摩尼所创。该教在6～7世纪传入新疆，并进而传入当时尚居住在漠北草原的回鹘部落中，并于762年之后成为回鹘的国教。回鹘西迁后仍一度保持摩尼教信仰，不仅大兴摩尼教寺院，而且以回鹘文大量译写摩尼教经典。直到15世纪伊斯兰教传播到吐鲁番地区以后，摩尼教才在维吾尔族中逐渐消亡。

景教　即基督教之聂斯脱利派，为叙利亚人聂斯脱利所建，其教义与基督教正统教义大相径庭，创始人被逐，其信徒在受迫害而逃亡中将教派传播到东方，并由新疆传到内地。宋末元初，景教在维吾尔族中发展到十分兴盛的地步。维吾尔族聚居区域景教教堂广有分布，并同本地民族风俗相融合。世界著名旅行家马可·波罗记述了他自喀什噶尔到北京的沿途见闻时，指出新疆到处都有景教教堂，诸如今喀什、和田、伊犁、吐鲁番、哈密等地。后来，随着伊斯兰教逐渐占据优势，景教在维吾尔族人中也渐渐销声匿迹了。

佛教　维吾尔族的佛教信仰是在回鹘西迁之后接受的，并且逐渐渗透到维吾尔族的政治、经济、文化等各个领域，成为维吾尔族当时主要的宗教。此前佛教早已盛行于西域。现新疆境内的龟兹（今库车）、疏勒（今喀什）、于田（今和田）、高昌（今吐鲁番）是佛教活动的中心，产生了辉煌的佛教石窟艺术文化，出现过鸠摩罗什、佛图澄、裴慧琳等著名佛学大师。西域的佛教信仰对西迁之后的回鹘人产生了广泛、深刻的影响，皈依佛门的回鹘人用回鹘文书写了丰富的佛教典籍文献，修

克孜尔千佛洞　刘玉生摄

建佛教寺院，并与内地佛教文化发生密切的联系。元代，西迁的畏兀儿中更出现过像阿鲁浑萨里、迦鲁纳答思、安藏、必兰纳识里、乞台萨里、舍兰兰八哈石、阿邻帖木儿等著名佛教高僧，以及森古萨里等佛教翻译大师。这些回鹘高僧大多精通佛经，通晓回鹘文、汉语、梵语等，翻译了大量佛经。现已发现译成回鹘文的佛教和其他著述多达80余种，如《法华经》、《华严经》、《金光明最胜王经》、《金刚经》、《弥勒三弥底经》、《妙法莲华经》、《观无量寿经》、《玄奘传》等。到明代，维吾尔族佛教还存在了很长时间，直至15世纪后期被伊斯兰教所取代。

三、信奉真主　注重功课

伊斯兰教约在10世纪末传入新疆，经过500多年的传播，在维吾尔族中流传的其他宗教被其取代，成为维吾尔族普遍信仰的宗教。至今伊斯兰教在维吾尔族中的传播、发展已有一千多年的历史。

艾提卡尔清真寺　古丽巴哈尔提供

维吾尔族群众大多数属于伊斯兰教正统的逊尼派，有一部分信徒信仰苏菲派教义，在新疆称为依禅派。此外还有少数人信仰什叶派。在宗教信仰活动上，各派一直保持着不同的宗教主张、仪式和特征。

维吾尔族信仰伊斯兰教，主要表现在信仰者的思想、行为都要严格以《古兰经》、《圣训》为准则，相信安拉是宇宙万物独一无二的万能的主宰，严守“沙里阿特”（伊斯兰教教法），相信末日和未来，注重五功（念、礼、斋、课、朝）。

维吾尔族的伊斯兰教文化以《古兰经》、《圣训》及其经注教义为核心，其学术文化从伊斯兰教经典文献扩展到哲学、文学、历史、教育和天文、地理、历法以及自然科学诸多方面，并影响到建筑、音乐、舞蹈、绘画和一般世俗文化艺术，既具有本民族传统文化内容，也吸收了阿拉伯、波斯、印度等地区文化的成分。历代维吾尔族中曾涌现出一批又一批重要学者和著作，如喀喇汗王朝时期的优素甫·哈斯·哈吉甫的《福乐智慧》、麻赫穆德·喀什噶里的《突厥语大词典》、阿赫马德·本马赫穆德·玉克乃克的《真理的入门》，就是古代维吾尔族穆斯林文化的光辉代表作品。另外由于伊斯兰教文化的积淀而形成的礼拜寺、年节与日常生活礼仪、饮食服饰、婚姻丧葬习俗等构成维吾尔社会传统文化的重要内容。

苏非派是伊斯兰教中的神秘主义派别，在宗教礼仪和生活方式上与一般穆斯林不同，在对《古兰经》和《圣训》的解释，对现在和来世的看法等方面形成了独特的思想体系。在日常生活中提倡“不重今生重来世”，要禁欲、苦行和守贫。麻扎是依禅派教徒活动的中心，麻扎朝拜是依禅派活动的重要特点。

维吾尔族的宗教制度和我国信仰伊斯兰教的其他民族所具有的不同特点，最显著的就是它设有宗教法庭。新中国成立前，维吾尔人聚居的每个县里，都有一个宗教法庭，严格地推行伊斯兰教法典“沙里阿特”的规定。宗教法庭的庭长由“木佛提”（高级阿訇）来担任，另设审判官一人，由“卡孜”（阿訇）担任，还设有传讯人犯、执掌行刑和为宗教法庭服务的法吏。宗教法庭设有专门审讯案件的神职人员。从宗教组织方面而言，一般设置由艾兰目阿訇（掌教大阿訇）为首，包括哈孜阿斯卡勒、哈孜热依斯、哈孜穆夫提和其他几名哈孜（教法执行官）组成，负责该地区教务，包括召开宗教法庭，任免神职人员，监督教规的执行等，并依靠礼拜寺组织和指导穆斯林进行宗教活动。

维吾尔族的宗教组织也很严密。教区划分为区级、县级和县以下三种。大的区、县级教区都有“阿訇办事处”和类似的组织，负责管理本地区的宗教事务，委派各级宗教人员。一般一个县级“阿訇办事处”，由六个执掌着宗教大权的宗教首领组成，各司其职。这些高级的宗教职业者，权力极大，对当地社会的行政、司法、手工业、商业等事务都可以插手干预。教主作证的权力非同一般。维吾尔族人民举凡一切重要的文书、契约，如买卖房屋、田产、商业合同、典押借贷、结婚、离婚、遗嘱、继承，甚至诉讼的状文等，都要经过教主的盖章才算合法，才能生效。

伊斯兰教在维吾尔族社区中最明显的特征，就是遍布新疆维吾尔族聚居地区的大大小小的礼拜寺。信仰伊斯兰教后，为满足维吾尔教民宗教生活需要，各地都修建了礼拜寺。除了做礼拜外，礼拜寺还管理所在地区的宗教事务，兼作居民开会、宗教学校上课的地方。群众有什么纠纷，也往往在礼拜寺评理、调解。在新疆，尤其是南疆，不论在城市还是乡村，分布着大大小小的各种不同的礼拜寺，其中规模较大的有艾提卡尔礼拜寺、库车大寺、苏公塔等。

位于喀什市的艾提卡尔（也译为艾提尕尔）礼拜寺是新疆规模最大、最宏伟、最壮观的礼拜寺，占地约 25 亩，至今已有 500 多年的历史。由礼拜大殿、大门楼、宣礼塔、经文学校、人工湖等组成。整个

建筑规模宏伟，工艺精细，带有浓厚的伊斯兰建筑特色，并兼具维吾尔族古代建筑的艺术风格。寺院内广植树木花草，景色清幽。

库车大寺是新疆境内仅次于喀什艾提尕尔礼拜寺的第二大寺。约在 16 世纪修建，1931 年被火烧毁后重建。大寺由礼拜大厅、小礼拜寺、宣礼楼、拱顶门楼、望月楼、宿舍等组成。大寺内设有宗教法庭，是目前新疆唯一的一处宗教法庭遗址。整个建筑浑然一体，宏伟高大，装饰富丽堂皇。宣礼楼高 20 米，上有穹顶及 3 个土拉。大厅占地面积 1165 平方米，可同时容纳 3000 多名穆斯林教徒做礼拜。

苏公塔是一座造型新颖别致的伊斯兰古塔，它是新疆境内现存最大的古塔，全部用青灰色砖建成。高 44 米，塔基直径为 10 米，塔身下大上小，呈圆锥形。塔内有螺旋形台阶 72 级通往顶部。塔身周围不同方向和高度，设有 14 个窗口。塔的表面分层砌出三角纹、四瓣花

苏公塔　古丽巴哈尔提供

纹、水波纹、菱格纹等 15 种几何图案，具有浓厚的伊斯兰建筑风格。旁边建有一可容纳千人做礼拜的礼拜寺。塔体简朴，明快，有 14 种几何图案和整体向上均匀收缩的圆柱体形，十分悦目。更妙的是塔的内

部结构，没有用一根木料，而是在塔的中心用砖砌出 72 级螺旋式阶梯当作中心柱体，既代替木结构支撑加固了塔身，又可作梯攀登通达塔顶，是吐鲁番维吾尔族建筑大师们，在当时木材奇缺的条件下，创造的具有伊斯兰建筑风格的艺术珍品。

墓地 古丽巴哈尔提供

伊斯兰教在维吾尔族的传播过程中，对维吾尔族社会政治、经济、文化、生活各个领域产生了深刻的影响。同时，这一过程也是伊斯兰教与维吾尔社会互相适应、融合的过程。特别是苏菲派的广泛传播，把南疆地区固有的某些传统习俗，如祖先崇拜、陵墓崇拜、“万物有灵”的信仰观念以及祆教的拜火习俗、过“诺吾茹孜节”、萨满教的崇拜习俗等，与伊斯兰教的教义相糅合，形成了维吾尔族伊斯兰教信仰的特色。这种特色在南疆地区盛行的“麻扎朝拜”活动中，得到了充分的表现。

麻扎，为阿拉伯语，意为“墓地”。麻扎朝拜实际上是祭祀祖先和亡灵的多神崇拜现象，是萨满教崇拜的遗留，被苏菲主义所吸收、倡导而发展起来的。受到朝拜的麻扎，即“圣墓”，多是维吾尔族伊斯兰教的汗王、圣贤、传教士等的墓葬。麻扎通常立高杆、挂旗幡、挂牛马尾、在树杈上拴布条、供野羊角等，这些都是突厥和回鹘人遗留下来的祭天祭祖的习俗。在穆斯林最集中的南疆地区，尤其是农村，麻扎朝拜尤为盛行，已经成为穆斯林宗教生活的一项重要内容。朝拜者相信麻扎具有神性，并把朝拜麻扎视为一项宗教功修，认为能够代替

去麦加朝觐。凡路经麻扎的行人一般都要停下来，面对麻扎祈祷。从麻扎朝拜祈祷的内容和形式看，一个共同的特点是祈求神灵的佑助，以求神灵佑助免除灾祸和祈求幸福、祈求应验、祈求降雨、祈求赐子、祈求解除病痛等。麻扎朝拜没有固定的时间，多在春、秋季节进行，朝拜活动没有统一的形式和规定，仪式和内容也十分复杂。麻扎的管理者称“谢黑”。麻扎朝拜实质上是伊斯兰教与维吾尔等民族原始宗教信仰与传统文化相结合的产物。

第二节　古老神秘的禁忌习俗

维吾尔族有许多禁忌，这些禁忌是伴随着维吾尔族的宗教信仰及长期的生活习惯沿袭下来的。

饮食禁忌　禁食猪、狗、驴、骡肉和猛兽猛禽的肉，忌食未经宰杀而自死的动物的肉，也禁食所有动物的血。这些禁忌源于伊斯兰教，现已演变为生活习俗。

忌践踏粮食、咸盐及各种食物，也不能坐在装有食物的箱子、麻袋和装有盐的袋子和做饭用具上。否则就会遭到报应，不是日后无果腹之食，变成乞丐，就是双目失明，永远生活在黑暗里，目的主要是让人们珍惜粮食。

忌踩或跨“亚拉克”（倒泔水的地方），认为这种地方有饭粒、馕渣和盐水，而这些都是“圣物”，否则会带来厄运，遭到各种磨难。

忌踩餐布或从餐布上跨过。吃饭时，客人不可随便拨弄盘中的食物，不能嗅食物，不能随便揭看锅盆等炊具。共席吃饭时，不能将已抓起的饭粒再放进盘里。不能将饭粒落地，如不慎落地，要捡起来放在餐布上。吃完饭后不能敲击碗碟，尽可能不剩食物于碗中。吃馕时，要将馕掰成小块放入盘中，不能将整个馕拿到手上吃。

社交禁忌 吃饭或与人交谈时，最忌讳吐痰、擤鼻涕、挖鼻孔、掏耳朵、剪指甲、挠痒等，否则被人认为是失礼的行为。在屋内炕上坐下时，不能双腿伸直，脚底朝人。接受或奉送礼物、茶饭碗时要用双手，忌单手接受或递送物品，单手视为缺乏礼貌。家里有客人时不能扫地。

做客时，应听从主人的招待，饭端上席，客人若不想吃东西，也要尝一口，不能完全拒绝，以示对主人的尊重。主人给客人端茶时，客人忌单手接，也不能为了表示客气接过茶壶自己倒；做客时，如有事要离席，不能从人前走过，必须绕到人后走。吃完饭祈祷时，禁止东张西望、嬉笑和起身走动。洗完手后不能乱甩手上的水珠。

服饰禁忌 维吾尔族穿衣服非常注重衣服遮盖身体各部位的作用，禁止穿袒胸露背的衣服及过于短小的衣服，忌穿背心短裤在室外活动和做客。忌女性在男性面前换衣、梳头、化妆。忌讳将头发、胡子、指甲、腋毛等留得过长。

穿戴服饰时，重视右起穿戴，左起脱解。按照伊斯兰教的规定，凡是好事均从右起。民间衣冠忌穿着随便，尤其忌异常穿戴，如反穿衣服、反戴帽子等。非常忌讳不穿衣服裤子出行。俗语有“不穿上衣裤子走七步是不吉祥的”的说法。

忌讳把男人的衣服和女人的衣服混在一起洗，或者忌讳用洗过女人衣服的水再洗男人的衣服。这个禁忌对有夫妻关系或父女、兄妹关系的男女的衣服具有一样的效力。这些禁忌是古代流传下来的女人“不洁”的观念和男尊女卑思想在维吾尔族中的遗留。忌讳随处乱倒洗过衣服的污水。忌讳将女人的内衣晒在触目的地方。忌讳小孩的衣服在黄昏或夜间时晾置在室外，担心鬼祟邪气沾染上小孩的衣服使孩子生病。

起居禁忌 住宅大门如不是迫不得已，忌朝西开；忌讳黄昏敞开房门；忌讳挡门而立、坐在门槛上，否则会当众出丑；太阳落山的时候忌讳扫地，认为会失财。民间还非常重视起居用品，一般忌跨越、

压坐枕头等。睡觉时忌头东脚西，因为西方是伊斯兰教圣地麦加之所在。有人在做那玛孜（礼拜）时，不能喧闹，不能从做那玛孜的人面前走过，更不能踩礼拜毯。做礼拜的房子里，特别是房子西面的墙上不能挂人像。

婚姻禁忌　维吾尔族等信仰伊斯兰教的民族不能在斋月结婚；有些地方的人还忌讳在 2 月和 10 月（伊斯兰历）办喜事，据说在这些日子里结婚，鬼灵会参与婚事，会导致夫妻不和。禁止有乳亲关系的人通婚。

丧葬禁忌　维吾尔等民族送葬时，已婚妇女不得前往墓地。死者安葬后，家属三天内不动炊烟，亲戚邻居给丧家送饭食。在祭奠活动中，不饮酒、不高声谈笑，在室内也不播放音乐，整个场面从始至终都是肃穆的。一般人死七日之内，亲属不能除孝、刮脸、梳妆，夫妻不可同床，停止娱乐活动。

维吾尔族等民族对墓地很重视。路经麻扎和墓地时，不能骑马、骡、驴；不许牲畜在墓地内乱跑；不允许非信仰伊斯兰教的群众进入墓地；不许从墓地上取土，以防坟墓倒塌；更不许从墓地取土做肥料；墓地附近禁止修猪圈、厕所；禁止在墓地、清真寺以及水渠边大小便、吐痰、擤鼻涕、带污秽物经过和逗留。

凝视禁忌　维吾尔人认为，人们忌羡他物或忌妒贤能的眼光，具有某种超自然的力量，会给所喜爱的人、物或所从事的事业带来种种不利，如凝视人家漂亮聪明的孩子，会使这个孩子遭到某种不幸；烤馕时被人凝视，馕就贴不住馕坑壁；灌面肺子时要在肺子上面蒙一块布，不能让别人凝视，被人凝视肺子就容易破；织布时被人凝视，就会经常出现断线等。维吾尔人防范毒眼致厄的手段主要有佩带护身符，行熏烟术等。随着科学技术的进步，现在城里许多维吾尔人已不信这些。

生养禁忌 妇女不能跨越绳子、脏水，认为跨越绳子生孩子时胎盘不容易下来；跨越脏水，分娩时将会无力。陌生人不能随便进入产妇的房间，一般要在产后满 12 天之后才能去探望产妇。

维吾尔人忌讳别人当面赞美自己的孩子，尤其不能用“胖”、“漂亮”、“胃口好”等之类的词句赞美孩子。因此，维吾尔人在逗小孩时，常会对着小孩说“这个难看的孩子”等，实际是对孩子的赞美。假使想赞美孩子胖，一般会说孩子带得好等。不论是亲戚还是朋友，忌讳一进屋就去抱主人家的孩子，尤其忌讳远道而来的客人抱孩子，认为这样会使小孩受惊生病。

其他生活禁忌 忌讳在公众场合或有人在场时放屁，因为周围可能有已经沐浴过准备去礼拜的穆斯林，按照伊斯兰教经典《圣训经》，有声屁或无声屁均导致沐浴无效，按教义只能重新沐浴礼拜。

第四章

绿洲深处有人家

第一节　绿树环绕的家

维吾尔族居住的绿洲周围多戈壁沙漠，生存在如此环境中的维吾尔族很早就认识到树木是保护绿洲、治理沙漠的命脉，非常重视生存环境的绿化，通过植树造林来抵御荒沙、维护绿洲的生态平衡。农田周围、渠河边缘、乡村道路旁种植着白杨、榆树、沙枣树、桑树、红柳等树木，绿树成荫。房前屋后种植果树花草，庭院周围，绿荫遍地，幽雅宜人。

在乡村的维吾尔族几乎家家都有果园，果园多在庭院的后院、侧院，果园内普遍种植杏树、桃树、桑树、梨树等，也种植李子、红枣、石榴、无花果、核桃、苹果等果树。除了前院有葡萄架外，果园里也常种一些品种不同的葡萄。

维吾尔族极爱花草，往往在院子里栽几株玫瑰、月季、夜来香、夹竹桃等。每逢到了鲜花盛开的季节，维吾尔族姑娘、妇女喜欢摘一朵花戴在鬓角；男人们也常摘一朵花拿在手里，边走边放在鼻子前面闻，花香袭人，令人心旷神怡。

农家小院 古丽巴哈尔提供

维吾尔族住宅多自成院落，一般包括庭院和住房两部分。庭院都很宽敞，一般分为前院、后院或侧院。喜欢在庭院内种植花木和果树，房前屋后几乎都栽有葡萄或果树。庭院门多用双扇，可容马、驴车辆进出。门面采用镶边、贴花、雕刻等手法组成各种图案。维吾尔族居住的传统房屋多为平顶方形平房，经天窗采光，屋顶平台可以晾晒瓜果和粮食。维吾尔族喜欢养羊、养牛，每家至少还要养一头驴，不仅生产用，也是赶巴扎、走亲戚的主要交通工具。在住宅的布局上，不仅要考虑农具的放置、粮食的贮藏，还要考虑牛棚、羊圈的设置。羊圈和牲畜圈一般建在院子一侧，或者建在果园内，或建在果园与前院结合部。住房多由兼作居室的客室、餐室、后室和储物用的小间组成。一般的住房至少三间，多则五六间，甚至七八间，多为土木结构的平顶方形平房。中间多为堂屋，两边是住房。以住房为中心，面向庭院的屋室前多设较深的前廊，前廊下设炕台、床榻，供人们在夏天户外起居之用。炎热的夏季人们多住室外，而不住室内。也有人家在房前

用木板搭成宽大的木榻。入夜，望着深幽的夜空，繁星点点使人困顿尽释。沿外廊在院内多架葡萄棚遮阴，形成夏天室外活动纳凉的主要场所。夏秋时节，一家人围坐在葡萄架下，吃着自家院内栽种的各种瓜果，别有一番风味。维吾尔族的庭院房屋既适应了所生活的自然环境，又突出了实用性，将居住、观赏、养畜、园艺有机地结合在了一起。

室内装饰　安保权摄

维吾尔族的室内装饰很有特色。维吾尔族传统的住房，室内多砌一连灶土炕，三面靠墙，面积一般很大，炕上多铺有席子、毛毡、花毡、织毯、地毯等，可睡一二十人，为家人休息、就餐、待客的地方。墙面多挂色彩艳丽的墙围布或壁毯。堂屋的大炕一侧多放长条形大炕柜，柜面绘有花卉图案或雕刻花纹，上面整整齐齐地叠放着被子、褥子、枕头。维吾尔族妇女很讲究被褥的制作，通常用绸缎做面料。每家还会专门为客人准备几床被褥，来客人时拿出来用。过去维吾尔族传统的居民住房内没有床、桌子、柜子等家具，人们饮食、娱乐均跪坐在炕上。房内墙面多开壁龛，大小不等，构成各种图案，与整个墙壁浑然一体，用于放置被褥、器皿、食品等家庭日用品。有的壁龛还精心构成各种几何图案，既是放置日用品的地方，也是装饰家庭的艺术品。维吾尔人还喜欢在墙上用石膏作装饰。住室修有壁炉，上为突出的拱形，下面有铁蹄形的炉台，用泥土靠墙筑成，为冬季烧柴取暖之用，并可烧水做饭等。比较讲究的人家壁龛和壁炉常施以石膏花。维吾尔民居的顶棚为露顶密梁，墙顶用带状石膏花或雕花作装饰，与略施彩绘的顶棚连为一体。室内通过这些处理，构成了维吾尔族特有的居住气氛。维吾尔人喜好清洁，他们往往把室内外打扫得干干净净。

维吾尔族民居，由于自然条件的影响，各地在建筑风格上也不尽相同，城市和农村差别更大。南疆气候温和，少雨雪，房屋建筑除顶棚使用少量木材外，四壁多用土坯砌成，房顶留有天窗。南疆的房屋类型主要有两种：把子墙和土屋。南疆绿洲地区农村的传统房屋看起来很简陋，但冬暖夏凉。喀什是南疆最大的城市，由于人口较密，用地狭小，住宅多发展为一至三层的小面积庭院式。楼房、小庭院、过街楼为喀什住宅的特征。庭院四周的廊子、楼梯、栏杆等随房屋高低灵活配置。外廊柱子略加雕刻线脚。喀什住房室内布置比较讲究，壁龛和壁炉常施以石膏花，墙顶的带状石膏花或木雕花，与略施彩绘的顶棚连为一体，地面铺有色彩艳丽的地毯，构成了维吾尔族特有的居住气氛。和田由于自然地理条件和传统习惯的影响，当地住宅的庭院之上多做顶盖。顶盖四面设木棂花侧窗，以通风采光，地方特色极为显著。吐鲁番夏季炎热少雨，冬季寒冷，当地住宅根据气候干燥，土质良好等特点，发展为地下室或半地下室的土拱平顶式样。住宅多带前后院，在装饰上主要利用土坯砌筑花墙或多种式样的拱门，门窗边框略加雕花。院中引进渠水，配以白杨、葡萄棚，显得朴实、清新。居室布置大致同南疆其他地区，只是地炕略高，炕前缘一边设有灶台。

北疆气候寒冷，多雨雪，伊犁、塔城等地的维吾尔族住宅多为砖土木结构的坡顶平房，屋周开窗，庭院绿化较南疆各地更为突出，房屋在果园花圃的衬托、掩映下显得幽静舒适。受俄罗斯人的影响，注重客房家具陈设、帘幔的布置，墙面多为浅蓝色。

维吾尔族的民居美，周围环境也美。尤其是农田林网化的实现，使维吾尔族农民的住房掩映在树木中，远看是一片林海，到跟前才能看出林木中的房舍。

新中国成立后，随着维吾尔族人民生活水平的提高，维吾尔族劳动人民的居住条件得到了改善，不仅建筑材料发生了变化，室内陈设也有了新的面貌，沙发、大衣柜、茶几、电视柜等现代家具在逐渐走进维吾尔族家庭。现在富裕起来的维吾尔族人盖新房时，对美化居室下了很大的功夫，屋顶木头上都用色彩艳丽的蓝、绿色油漆绘上图案，屋顶与墙边的对接处，也有彩色的图案，墙上绘有大幅彩色油画。居室内既有现代化电器彩电、冰箱、音响等，也有传统的壁毯、地毯等手工织品，真是别具特色。

第二节　色彩斑斓的服饰

维吾尔族传统服饰种类繁多、色彩缤纷，富有浓郁的民族特色。男性服饰讲究潇洒、实惠、舒适、方便，喜欢黑白效果；女性服饰讲究美观、漂亮、艳丽，喜欢对比色彩，使红的更亮，绿的更翠，犹如春天盛开的鲜花，五彩缤纷。

色彩缤纷的绣花帽　绣花帽“朵帕”是维吾尔族最具特色的头饰。传统上，维吾尔族无论男女老幼都喜戴这种绣工精致的四棱小花帽。绣花帽不仅是维吾尔族群众的一种服饰，也是一种精美的工艺品。维吾尔族花帽花样繁多，多达十多种，其中巴旦木花帽、奇曼花帽、玛尔江花帽、格来木花帽等是维吾尔族最喜欢的花色。花帽多用黑白两色或彩色丝线绣出各种花纹图案，花纹变化多端，千姿百态，不同年龄、不同地区有不同的喜好。这些图案各异的花帽，有的彩珠连串，光彩夺目；有的庄重典雅，和谐大方；有的骨式棱角分明，纹样绵密；有的造型扁浅圆巧，色彩柔和；有的看上去宛若五谷丰登的良田，有的看上去好像万紫千红的花园。小伙子戴上显得英俊、潇洒，姑娘戴上显得更加美丽动人，小孩戴上显得活泼可爱，中老年人戴上显得肃穆端庄。

花帽 古丽巴哈尔提供

和田地区于田、民丰等地维吾尔族妇女的帽子不同于其他地区，十分别致。她们喜欢在白纱巾右侧戴顶口大顶小，直径约 8 厘米的“克里亚泰勒派克”（于田小帽）。帽子形如倒扣的小茶碗，远看宛若一朵盛开的鲜花。这种帽子一般为黑色，与洁白的纱巾形成的黑白反差，格外引人注目。与小帽配套，多穿胸部排列有七条尖头对称的天蓝色条形图案，领、袖、底部镶同样颜色边缘的长袷袢，这种服饰会使初次见到的人感到古朴、典雅。

遮风避寒的皮帽 由于新疆冬季气候寒冷，维吾尔族男性喜戴各类皮帽和毡帽。维吾尔族男子冬季多戴“吐马克”

戴皮帽的维吾尔族老汉 宋士敬摄

和“库拉克恰”。吐马克形似深钵，用羊皮制作，绒毛在内，皮板在外，顶部有四个厚大的棱角，帽檐下露出一圈白色或黑色毛边，维吾尔族农民多戴这种帽子。英吉沙一带的男女农民戴的吐马克很有特色，高约30厘米，以黑色羊羔皮作面，羊皮作里，戴在头上，威武潇洒，很像英国皇家卫队骑士们戴的帽子。城里人冬天则更喜欢戴用羊羔皮或旱獭、貂皮制作的“库拉克恰”——圆形皮帽。这种帽子两侧有帽瓣，可以上下活动。宗教职业者多用长白布缠头，维吾尔语称为“赛兰”。

掀起你的盖头来　维吾尔妇女还非常喜欢戴各种花色的方头巾，每一位妇女少则有四五条，多则有十余条，甚至更多的各类头巾。寒冷的冬季喜戴毛织头巾和绒毛头巾，有的头巾非常大，披在肩上可以遮住臀部，既可以保暖，又可以起到装饰的作用。春、夏、秋三季，则多戴花色繁多的纱巾，一般使用较多的是戈吉木头巾、依派克头巾、戈日甫头巾、派让头巾等，夏季被维吾尔族妇女青睐的依帕克（丝）头巾，色彩斑斓，薄如蝉翼。

戴头巾的维吾尔族姑娘　朱正华摄

连衣裙　维吾尔妇女爱着色彩鲜艳的连衣裙，里衬花布或彩绸长裤，外套深色对襟绣花坎肩。维吾尔妇女的连衣裙宽大，胸前多褶，长及腿肚。维吾尔妇女非常喜欢穿用“艾德来斯绸”（即扎染绸）缝制的连衣裙，这种采用中国古老的扎经染色法工艺染制的丝绸，被维吾尔人誉为“玉波甫能卡纳特古丽”（布谷鸟翅膀花），隐喻这种花绸能给人带来春天的气息。这种丝绸，颜色或黑白相映、或绯绿争艳，花纹晕染飘忽，富有浪漫色彩，穿在身上如彩云飘忽，光彩闪亮，再与她们喜爱戴的摇曳的耳环、闪光的戒指、手镯、项链等交相辉映，使人顿生异彩纷呈、摇曳多姿的美感。汉朝时期，于阗国的人民还没掌握缫丝织绸的生产技艺。为了得到蚕桑之种，于阗王“命使以求”，但

穿连衣裙的维吾尔族姑娘 *石宝琇摄*

皇帝“秘而不赐”。于是，于阗王“卑辞下礼，求婚东国”。皇帝“允其请”后，于阗王便嘱咐迎亲使臣：“尔致辞东国君女，我国素无丝绵桑蚕之种，可以持来自为裳服”。聪明的公主把蚕桑籽机智地藏在帽絮中，躲过了关吏的检查。从此古称于阗的和田才有了蚕桑业。现在拜城克孜尔千佛洞和敦煌莫高窟千佛洞的壁画上还保留着桑蚕公主故事的绘画。用“艾德来斯绸”缝制的服装现已成为最具代表性的维吾尔女性传统服饰。

袷袢 维吾尔男子的服装比较宽松、朴实，多用黑、蓝、白布料，或蓝、灰、白、黑等本色团花绸料，及各种宽窄相间的彩条料等制作。维吾尔男子过去喜穿开襟、过膝及右衽直斜无扣、无袋的“袷袢”（外衣），内穿套头衬衣，喜欢在腰间系一条花布方腰巾或黑、棕、蓝等深色长布腰带。“袷袢”有点近似于现在的睡衣和日本的和服。腰带可以

起到扣子和口袋的作用，用于携带食品和其他一些零星物件，随用随取。系上腰带后的维吾尔男子显得雄姿勃勃，精神抖擞。腰带不仅起到了衣袋的作用，还可以起到御寒的作用。

穿传统服饰的老人　古丽巴哈尔提供

维吾尔人还非常喜欢在衣服的领口、胸前、袖口、肩、裤脚、腰带等处用彩线绣上各种精美的花卉花纹图案，有时缀上彩珠和各色亮片等装饰品。

皮靴　维吾尔族先民由于经历过长期的狩猎、游牧生活，为了适应这种生活，养成了穿“玉吐克”（皮靴）的习俗，这种装束至今仍为维吾尔人所喜爱。

皮靴　俄国庆摄

维吾尔族的鞋类主要有“玉吐克”（皮靴）、“去如克”（皮窝子）、“开西”（皮鞋，类似套鞋，多在夏季穿）、“皮玛”（毡靴）、“买赛”（软底靴）、“喀拉西”（套鞋）等。维吾尔族比较注重对脚的保暖和保持脚部的干燥，过去鞋、靴多用牛羊皮革做成。维吾尔族中青年男女都喜欢穿“玉吐克”（皮靴），维吾尔族女式靴子上还绣有各种花纹，非常漂亮。中老年人多穿“买赛”，外面加穿“喀拉西”（套鞋），“喀拉西”既可以保暖，又可以保护靴鞋，入室或清真寺大殿要脱套鞋，以保持室内清洁。“喀拉西”过去多用皮革制作，现在则普遍穿用橡胶制作的“喀拉西”。在寒冷的地方，冬天多穿毡筒、毡袜。

维吾尔族姑娘的辫子　维吾尔族以浓眉大眼、乌发长辫为女性外貌美的标准。

> 宛若麦加的壁龛，你浓黑的眉毛；莫非像圣柳一样，你长长的辫子。
>
> 伊犁河的姑娘，像石榴花一样，黑黑的一对大眼睛，辫子拖在地上。

这两首民歌，就是对维吾尔族女性黑眉长发的赞美。这种以乌发长辫为美的观念，使维吾尔族妇女十分珍爱并精心保养自己的头发，以长发为荣，有的妇女的发辫长及脚跟，有的妇女为此在束辫时加进一些长发，实现她们对美的追求。

维吾尔族少女　民族画报供稿

维吾尔族以女性发辫的浓密、粗长为美的风俗，使得母亲十分关注女儿的头发。当女儿还是婴幼儿时，父母就为女儿剃头多次，因为他们认为头发越剃越黑，越剃越多，剃头

之后还要用烧焦的桃仁或核桃仁抹头，认为可以营养头发，使头发长得又黑又密。

过去维吾尔族少女多喜欢梳很多小辫，对此有人说小辫是年龄的一种标志，也有人说是未婚女性的一种标志，其实重要的原因还是维吾尔族少女对美的追求，这象征青春少女发多如繁茂的树木，美丽多姿。至于发辫的多少，一般根据头发的多少而定，头发越多，扎的小辫就越多，也就越美，最多的可达四十余条。姑娘结婚后就不再梳很多发辫，改梳两根长辫子，并在前额留刘海和在两腮处留对称向前弯曲的鬓发。当妇女成为两三个孩子的母亲，年龄在 30 岁左右时，为她举行“居宛托依”（少妇礼）仪式后，就把刘海和鬓发梳入两根长辫子中。

留长发的维吾尔族姑娘　曹新加摄

对维吾尔族姑娘梳小辫的由来，在维吾尔族民间流传着这样一个传说：在很久以前，有个国家周围全是茫茫的沙漠。年轻的王子为了把沙漠治理成美丽的乐园，去找万能神求助。但是要想找到万能神，必须要除掉那里的一个会吃人的黄蛇妖。王子在沙漠里走了一个多月，有一天看见前面有一棵柳树，就在树底下搭起帐篷休息。夜里，他怎么也睡不着，过了一会儿，忽听天空中一阵阵巨响，他走出帐篷抬头一看，从西面天际飘来了一片彩云，把他和青鬃马卷起向东飘了去。不知飘了多长时间，才落到了一个水天相连的湖泊旁。他正观看这迷人的景色，青鬃马低头在他腿上碰了几下，而后摇了摇鬃毛说话了："我的主人，幸福就要来到你身边。待会儿太阳出来时，有三个姑娘要到湖里洗澡，待她们脱下衣服到湖里洗澡时，你就赶快把那件绿色的外衣藏起来。当姑娘找衣服时，你要求她做你的妻子，如果她同意了，你和你的国家都会得到幸福的。"说完青鬃马腾空而起，向天空中飞去，越飞越远。不一会儿，果然从天空中飞来三只天鹅落在湖畔，变成了三个美丽的姑娘。她们头上都吊着很多小辫，随风飘摆，在太阳照耀下闪闪发光，美丽极了，红衣姑娘吊了 18 根，黄衣姑娘吊了 17 根，绿衣姑娘吊了 16 根。她们说笑戏闹着，脱去外衣跳到湖里洗澡，王子赶紧拿起绿色衣服躲进了芦苇丛中。当姑娘们洗完澡上岸穿衣服时，吊 16 根辫子的姑娘怎么也找不到她的衣服。另外两个姑娘因时间不早了，变成天鹅飞上了天空。王子看她俩飞走后，从芦苇丛中走出来，胆怯地告诉姑娘衣服在他那里。姑娘把小辫甩了甩，脸带怒色地问他是什么人？为什么要偷她的衣服？王子就把自己从沙漠国来此地的目的讲述了一遍，姑娘的脸上露出了笑容："原来是我的马哥哥让你做的。既然这样，我就做你的妻子吧。但是要找万能神是不可能的，只要你有决心制服风沙，要先把黄蛇妖杀死，以后的事我都能帮你办到。"王子经过一个半月艰难跋涉来到黄蛇妖居住的洞穴，并勇敢地将黄蛇妖杀死了，随后带着天鹅姑娘回到了沙漠国。天鹅姑娘履行了她的诺言，帮王子将沙漠国变成了绿洲，变成了花园，从此这个国家的人民过上了幸福的生活。以后，当地人为了纪念天鹅姑娘给他们带来的幸福，就照天鹅姑娘的打扮，给姑娘们一岁梳一个小辫。

由于现代生活节奏的加快，审美价值观念的变化等原因，在城市里现已很少能见到留长辫子的维吾尔族年轻女子了。但在广大农村牧区，维吾尔族妇女至今仍留着长辫。

天然化妆品——奥斯曼、依里木　以黑眉为美的维吾尔族妇女喜欢用奥斯曼（菘蓝）的黛绿色液汁描眉，她们认为奥斯曼是眉毛的养料，相信经常用此描眉，就可以使眉毛长得更密更黑。维吾尔族妇女不仅自己涂抹，还会为自己年幼的女儿涂抹，最后还会将剩余的奥斯曼汁液抹在小孩的头发上，祝愿她们发黑辫长。每当春暖花开时节，维吾尔族妇女就将奥斯曼的绿叶采来放在掌心上揉搓，挤压出黛绿色的汁液，把它滴在瓷碗底的窝窝内或小碟中蓄起来，然后用缠上棉花的小细棍蘸取，细心地涂抹在眉毛上，反复涂抹数遍，稍干后，用清水洗去浮汁，留下一层黑黛，使本来就很浓密的眉毛显得更黑更艳，维持周余不褪。在没有鲜绿的奥斯曼的冬季，维吾尔族妇女就用“苏尔麦”（石墨）来描眉和眼睑，会使眉毛显得更黑，眼睛显得更大，更富于神韵。

维吾尔族妇女非常善于保养头发，喜欢用“依里木”（沙枣树胶）抹发。她们将“依里木”用水泡软稀释后抹在头发上，头发干后，辫子就变得又黑又亮，能较长时间保持头发的光亮整齐，头发在一周之内不会变形，还可以保护头发，它是维吾尔族妇女使用的天然发胶。

卖奥斯曼的少妇　古丽巴哈尔提供

在“海乃古丽”（凤仙花）盛开的季节，维吾尔族妇女喜欢用它来染指甲。将其花瓣捣成泥，抹在指甲上，睡觉前用布包在手指和脚趾上，第二天早晨就可使所有的指甲变成鲜艳的橘红色，可保持数周不褪。维吾尔族妇女使用的这些化妆品是大自然赐予的，可谓名副其实的天然化妆品。

女人的首饰 佩戴耳环、戒指、手镯、项链等饰物是维吾尔妇女的一大喜好。每逢节日盛会、喜庆之日、走亲访友、社交欢聚，妇女们总要把绚丽多彩、斑斓夺目的各种首饰佩戴齐全，配上鲜艳的衣裙，将自己精心修饰打扮一番。此时的她们显得雍容华贵、仪态万方，更增无限风韵。各类精美的首饰在阳光的照耀下，闪烁生辉，异彩纷呈，令人赏心悦目。

女人的首饰　古丽巴哈尔提供

男人的小刀 维吾尔男子喜欢在腰间佩带一把明晃晃、亮铿铿的短刀，刀把上镶有五颜六色的假宝石，皮制的刀鞘带有精致的花纹。刀子不仅起了装饰作用，也是少数民族男性的好帮手，宰羊、吃肉、切瓜果、外出放牧时对付野兽，都离不了它。

维吾尔民间流传着这样一个故事，在很久以前，有一对兄弟上山去打猎，刚进山沟，弟弟就被突然从树林中蹿出的一只猛虎叼了去。弟弟拼命地叫：“哥哥，快来救我呀！”哥哥拔腿就追，可是怎么也追不上。他猛然想起弟弟腰中别着刀子，就放声喊道：“弟弟，救你命的哥哥在你腰中呢！”哥哥这样一叫，弟弟想起了腰中的刀子，于是拔出

男人的小刀　古丽巴哈尔提供

刀子，向老虎的前胸狠狠刺了进去，杀死了老虎。从此维吾尔族男子不论在家里还是出门，都随身带着刀子，以防万一，久而久之就有了佩带刀子的习惯。

改革开放以来，随着社会经济的发展，维吾尔族人民的生活水平迅速提高，维吾尔族居民的衣着观念也发生了很大的变化。商店里琳琅满目的各色时装，成了维吾尔族妇女精心挑选的热门货，穿西装打领带、穿夹克衫、T 恤衫更成了维吾尔族男子共同喜爱的现代时尚。不戴帽子、不系头巾、留着各种时尚发型的男女越来越多，今天的城市里，已很难从服饰上来区分谁是哪个民族的了。如今在农村传统服饰保留得要多一些，但各式美观大方的服饰也普遍被年青一代所接受。

第三节　色味俱佳的美食

一个民族的饮食文化受其所处的地域、物产、文化历史等因素的影响。维吾尔族主要从事农业，擅长园艺，历史上曾长期从事游牧生产，至今仍没有放弃畜牧养殖，故维吾尔族的饮食文化中既包含了农耕文化的元素，又包含了游牧文化的元素，形成了独具特色的饮食文化。

维吾尔族主食以面食为日常生活的主要食物，肉食以羊肉、牛肉、鸡肉等为主，尤喜食羊肉。乳类以酸奶为主，夏季常以酸奶就馕吃。在农村农忙季节，农民们常常带上酸奶、馕作为自己的午餐。家里来了客人，好客的主人也会捧出一碗酸奶来招待。蔬菜种植品种不多，吃得也较少。禁食猪肉、驴肉、狗肉、骡肉餐等。餐具主要为木制和陶器的碗、匙、盘等，许多食物用手抓食。吃饭时一家大小共席而坐，吃完饭，在拿走餐具前，由长者作“都瓦”（祷告），然后离席。

维吾尔族传统的饭食种类很多，不下数十种。小麦、大米、玉米均可调制各种美味，并善于用肉制作各种具有独特风味的食物。最具有民族风味的食品主要有馕、抓饭、拉面、烤包子、烤羊肉、薄皮包子、曲曲儿（馄饨）、手抓羊肉、面肺米肠、羊头羊蹄等，现在亦成为新疆最具特色的风味食品。

馕和抓饭在维吾尔社交和礼仪活动中占有重要的地位。最突出表现在待客和婚丧礼仪、日常的礼尚往来中，其功能已远远超出了口腹之需。馕是维吾尔族最主要的食品，几乎餐餐离不开，不仅满足人们的口腹之需，同时是维吾尔族红白喜事互相馈赠的礼品，也是婚丧等礼仪中的重要食物，故在维吾尔族中有“馕是信仰，无馕遭殃”的谚语。用大米、羊肉、胡萝卜、洋葱、食油等原料做成的“波罗”，不仅是维吾尔族日常食用的美味佳品，也是婚丧嫁娶、逢年过节用来招待亲朋好友的待客食品。

维吾尔族注重饮食的合理搭配。维吾尔族屋前房后的果园为维吾尔族提供了丰富的水果资源，因而维吾尔族养成了常年食用瓜果的习惯。春夏吃桑葚、杏、桃、梨、西瓜、甜瓜，秋吃苹果、梨子、葡萄、

无花果、秋瓜等，冬用干果、果酱。不少家庭有储存甜瓜、葡萄、苹果、梨等水果的良好习惯。维吾尔族夏天常以瓜果代茶饭，以瓜果就馕吃。冬季常以核桃、杏仁、葡萄干等就馕吃。还喜欢用葡萄干、杏干等做抓饭，用葡萄、桑葚、苹果、海棠果、杏、梨、草莓、无花果、樱桃等做果酱。这种饮食习惯弥补了维吾尔族蔬菜食用较少的状况，使饮食结构趋于合理。

馕　古丽巴哈尔提供

馕　馕是维吾尔等民族日常食用的最主要的食品。它的历史颇为古老，汉唐时代的出土文物里已有其遗迹。今天，走遍天山南北城镇乡村，你都可以吃到色泽金黄、脆香可口的馕。馕多以发酵的面为原料，辅以芝麻、洋葱、鸡蛋、油、盐等佐料，用馕坑烤制而成。馕的品种也很多，有咸、甜、肉馕，有白面的、杂面的、混合面的，又因佐料、形态、大小、薄厚、制法不同，名称各异，但都呈圆形。维吾尔人在吃馕时，一般要把馕掰成四块，而不能拿着整个馕就吃。馕还是各种人生礼仪、喜庆、祭祀时用来待客的主要食品，也是维吾尔族妇女走亲访友互赠的主要礼物。维吾尔人还把馕看得很神圣（还给馕赋予了神圣的色彩），认为“饭是圣哲、馕是神灵”，忌践踏馕，认为谁要是践踏馕，就会遭到双目失明的报应，若有馕不慎掉到地上，哪怕是馕渣，维吾尔人都会捡起来。结婚时，新郎、新娘要吃一块蘸了盐水的馕，以示婚后生活幸福美满。新娘被接走时，新娘的母亲将一个馕在女儿头上绕几圈，以示平安吉祥。

餐桌上的金字塔——“波罗” 波罗是维吾尔族人食用大米的主要形式，以羊肉、大米、清油、胡萝卜、洋葱等为主要原料，经过炒、煮、焖等烹调方法做成，做出来的抓饭油亮生辉，香气扑鼻，营养十分丰富。因其所用的原料营养丰富，被新疆的汉族人称为“十全大补饭”。相传在一千多年前，有个名叫阿布艾里·伊比西纳的学者，晚年时体弱多病，吃了很多药物也无任何好转，身体每况愈下。于是他就开始进行食疗，选用羊肉、胡萝卜、大米、洋葱等原料做成一种混合饭，经常食用，半个月之后，他的面色开始红润起来，不久，身体就康复了。他的康复，使他的友人及邻居非常惊奇，不知他吃了什么灵丹妙药。后来，他把这种“药方”传给了大家，一传十，十传百，代代相传，便成为今天维吾尔等民族爱吃的美味食品。

波罗的种类很多，风味各不相同，选料往往因地、人、季节和条件而有所不同。除用羊肉做抓饭外，还可用牛肉、鸡肉、雪鸡等来做抓饭。除此之外，还用葡萄干、杏干、瓜干等干果做素抓饭。到了夏秋季，维吾尔族人吃抓饭的花样可就更多了，南疆维吾尔族喜欢在抓饭里放“毕也”（木瓜）或苹果，使抓饭透出淡淡的果香。最为有趣的吃法是在做好的抓饭上面倒一些酸奶，这种吃法别具风味，既是上等的充饥之食，也是消暑解热的理想食品。抓饭中最讲究的要数“阿西曼

抓饭 古丽巴哈尔提供

塔”（抓饭包子），即把薄皮包子放在抓饭上面，多被用来招待尊贵的客人。

抓饭一般盛在大盘里，黄色饭粒高高拢起，像金字塔，肉放在饭上，按习惯一般三个人一盘，大家围坐一圈。进餐前，先将饭上的肉切成小块，吃时每人从自己面前掇食。由于食用这种饭时，需净手后用手抓食，故新疆的汉族人称波罗为抓饭。抓饭不仅是维吾尔家庭常食的美味，也是逢年过节、婚丧嫁娶的日子里，用来招待亲朋好友的理想食品。

拉面　古丽巴哈尔提供

拉面　维吾尔语称“来格曼”，是用水和面，拉制而成，呈圆条状，拌菜吃。

拉面的面柔韧细长，圆润滑爽，吃起来别具风味。家常拉面大多拌以多汁的杂烩菜，饭馆中的拉面一般拌专门炒的菜，称为“拌面”。

汤面　品种很多，最具特色的是银丝擀面，维吾尔语称“玉古热”。

这种饭和面时要放鸡蛋，面要擀得很薄，然后切成细条，一般用羊肉汤下面，另外将肉切成块或做成丸子，下到汤里，并放一些西红柿和香菜，这种汤面汤鲜、面软，容易消化，具有色香味俱全的特点，能消除疲劳，增进健康。

曲曲儿　类似于汉族的馄饨。

先将肥羊肉切成小肉丁，再加洋葱末、盐、胡椒粉、孜然粉和少许的水拌和成馅。将和好的面擀成薄片，切成方形片，将肉馅包在面片里。然后将曲曲儿下到肉汤里，汤里放些揉碎的薄荷叶或香菜末。皮薄馅嫩，散发出特有的香气，风味别具特色，十分爽口。

萨木萨（烤包子） 是逢年过节或招待亲朋好友的佳品，也常用来作为红白喜事时互相馈赠的礼品。

在新疆广大城乡巴扎的饭馆、小食摊随处可见，不仅深受维吾尔人的喜爱，也深受新疆其他民族的喜爱。萨木萨是在馕坑里烤制的，用未经发酵的面做皮放馅四边折合成方形。馅用牛羊肉丁、羊尾油丁，少许洋葱、孜然、精盐、胡椒粉和水拌匀而成。将包好的"萨木萨"贴在馕坑里，十几分钟即可烤熟，皮色黄亮，入口皮脆肉嫩，味鲜油香。和田一带有一种圆形的大烤包子，称为"过西开待"，不但味极美，还被当地汉族人称为"男宝一号"。

烤包子 古丽巴哈尔提供

薄皮包子 所用的原料与烤包子差不多，用死面做，包子皮擀得十分薄，蒸熟后透过皮几乎可以看到里面的馅。其特点是皮薄肉嫩油多，吃时犹如包子皮溶化在嫩肉油香中一般。

薄皮包子除单独食用外，还常和抓饭在一起混合吃，称为抓饭包子，这是维吾尔族人上等饭食之一。维吾尔族还有一种风味独特的薄皮包子，叫"卡瓦曼塔"（葫芦包子），馅用葫芦（这种葫芦，脖子长，皮呈酱黄色，略带甜味，是维吾尔族喜食的蔬菜）、牛羊肉拌少许洋葱、精盐、清油及胡椒粉等佐料，皮同薄皮包子。这种包子馅里汁多，咬一口其汁顺嘴往下淌。每当这种葫芦上市，维吾尔人便开始做这种包子，秋季还储存葫芦，以备冬季食用。

烤羊肉串 烤羊肉串是维吾尔族最富有民族特色的传统风味食品之一，是新疆市场最常见的、最有名气、最受欢迎的风味小吃，在城

乡街头巷尾随处可见，现在已成了风靡全国的一种风味小吃。那漫溢在空气中的扑鼻浓香，那烤制羊肉串的维吾尔小伙子招呼顾客的粗犷的吆喝声，使顾客在烤肉槽前止不住垂涎欲滴，赞不绝口。新疆烤羊肉串肉质鲜，味道微辣中带着鲜香，不腻不膻，香嫩可口，特别是那孜然的浓郁香味，距离很远就能闻到。除了烤羊肉，烤羊肠、羊肝、羊腰、羊脾、牛肉等同样受到人们的喜爱。

烤全羊　烤全羊是维吾尔族的又一大传统名馔。在乌鲁木齐、喀什、和田等地的大小“巴扎”都可闻到它特有的香味。只要你想品尝，循味去寻即可找到。你想要哪一部位的肉，主人就给你割下，你便可尽情享用。烤全羊现在不仅是街头的风味小吃，也是高级筵席上的名贵菜肴。在贵宾满堂的高级筵席中，如果出现一只色泽黄亮、鲜香四溢的烤全羊定会使人馋涎欲滴、食欲大增，也会使整个筵席顿时生辉，增添异常丰富的色彩与趣味。

烤全羊多选用绵羯羊或周岁以内的肥羔为主要原料，宰杀剥皮，去蹄和内脏后，用一头钉有大铁钉的木棍，将羊从头至尾穿上，涂上糊状的作料，放入炽热的馕坑，焖烤 1 小时左右即成。

烤全羊　古丽巴哈尔提供

馕坑烤肉　馕坑烤肉也是极受各族人民欢迎的一种美食。馕坑烤肉的制作跟烤全羊、烤馕相类似，都是用馕坑火的辐射热和坑壁的高温烤制而成的。馕坑烤肉，先把羊肉切成大约拳头大小的块，鸡蛋加姜黄、胡椒粉、孜然粉、精盐、白面粉，拌匀成糊，再在肉块上均匀地抹上味糊，贴入馕坑内壁，烤半小时左右即成。其特点是外脆里嫩，味美可口。现在，在乌鲁木齐、和田、喀什等城市都能吃到这种美食，时有操此业的个体户把馕坑装置在小推车上，走街串巷叫卖，给人们的生活增添了乐趣和古朴的色彩。

清炖羊肉　将新鲜羊肉剁成大块，下锅炖，水沸后去浮沫，一般只放一些盐和洋葱，不再放其他作料。

为了增加口味，有时也放一些黄萝卜、恰玛古（蔓菁）、西红柿以及香菜等，这样炖的肉，汤更加鲜美。通常维吾尔族群众在吃完羊肉后，还要喝上一碗肉汤，以佐消化。

面肺子、米肠子　维吾尔族能以羊的内脏作原料，烹制出鲜香异常的美味来，灌面肺、灌米肠就是代表。

面肺和米肠是维吾尔族人民喜爱的传统风味小吃，也是待客的佳品。其做法是，首先将羊肺、羊肠洗净，羊肺里灌清油、面浆、鸡蛋等，肠子灌用羊肝、羊心、羊肠油加佐料与大米搅拌加水的馅，用水煮熟即成。灌面肺软嫩，灌米肠糯鲜，香喷可口，风味独特。

面肺子、米肠子　古丽巴哈尔提供

清炖羊头、羊蹄　它的制作方法十分简单，取新鲜羊头、羊蹄，烧去全部羊毛，洗干净，去掉羊角和羊蹄壳后，放入锅内不加任何作料煮，熟后蘸盐吃。

阔尔达克　是维吾尔族用羊肉、黄萝卜、土豆等炖的一种菜，是

维吾尔族在喜宴、逢年过节时用来招待亲友的一种理想食品。

将羊肉剁成小块，放在锅里炒，放少许洋葱、花椒、姜等调味品，然后放入黄萝卜、土豆，炒至七成熟，倒水炖。这种菜味美，香气四溢，色彩丰富，一般常用馕来就这种菜吃。

馓子　古丽巴哈尔提供

馓子　是维吾尔等民族的节日食品。是将用花椒水、熟油、蛋清等和好的面搓成细条，放油锅里炸，使其形状呈大半圆状，炸至金黄色时捞出摆放在盘内，围摆成多层圆柱形，形状美观，色泽黄亮，酥脆爽口。

不可一日无茶　维吾尔人喜欢喝茶，一日三餐都离不开。通常是一边喝茶，一边吃馕，或一边吃饭。维吾尔族不仅仅是把茶当作一种解渴的饮料，确切地说是把茶当成一种佐食的汤料，实是一种以茶代汤，用茶作菜之举。同时，茶水也是维吾尔族用来待客的主要饮料，无论何时去维吾尔人家里做客，主人总是先要给客人敬上一碗热气腾腾的茶水和端上一盘香酥可口的馕，即使在瓜果飘香的季节里，也要先给客人敬茶。维吾尔人喜欢饮茶，从而形成了独特的茶文化。维吾尔人多喜欢喝茯茶、红茶。南疆的维吾尔人多喜欢在茶水中放冰糖，北疆的维吾尔人受哈萨克族的影响多喜欢喝奶茶。对茶具非常讲究，一般家庭备有两三套茶壶和茶碗等茶具，专门有用于待客的茶具。维吾尔族沏茶、倒茶、敬茶都有讲究。斟茶时，用右手提着上茶壶，让茶水沿着茶碗的边沿徐徐注入，不能溅起水珠或起沫，不能倒得太满，以半碗最佳，喝完随时为客人续水，为的是让客人一直能喝着热茶。茶要双手敬给客人，客人也要用双手接茶。客人面前的茶水凉了，主人会给客人换上热茶。在维吾尔语中“qay”一词不单纯是指茶叶、茶水，还泛指吃早餐、品尝点心、吃饭、聚会等，甚至一些仪式，如定亲（kiqik qay）、订婚（qong qay）等。

围着火炉吃西瓜　新疆是我国著名的瓜果之乡，据《史记·大宛传》、《汉书·西域传》等史料记载，早在两千多年前，新疆已开始栽培瓜果。丰富的瓜果资源，不仅夏季吃瓜果是常事，而且到了数九寒天吃瓜果也不觉稀罕。“以瓜果代饭菜”成为维吾尔族饮食习惯的一大特色，瓜是新疆各族人民生活中不可缺少的果品。每年七、八、九三个月，是新疆吃瓜的黄金季节，无论城市或农村，几乎家家户户都摆满了瓜，来了客人则“以瓜代茶”。在天山南北城乡市场和公路沿线，瓜摊林立，四处飘着瓜香。维吾尔人特别喜欢吃甜瓜、西瓜，炎热的夏季常以瓜果代茶饭，用瓜就馕吃。

新疆的瓜农们不仅善于种瓜，还善于贮藏保存瓜果。一般把甜瓜、葡萄吊在瓜窖里，西瓜埋在沙子里或粮食里保鲜贮藏。最有趣的要数南疆农民贮藏葡萄的方法了。九、十月份葡萄成熟后，便把葡萄挂在特制的土房里，这种房屋不太高，墙特别厚，门窗较小，易保温。关紧门窗后，扬起黄土，让黄土飘落在葡萄上，形成一种保温层。到了冬季，他们放一碗水在窗台上，来测量屋内的温度，如果碗里结了一层薄冰，说明屋内温度达到零度以下；如果冰结厚了，说明需要加温。加温的方法很独特，牵只羊进来饲养，利用羊身上散发的热量，来调节屋内的温度，从而达到葡萄防冻保鲜的目的。其实民间瓜果贮藏保鲜的方法很多，都是因地制宜，简便易行，可保存五六个月之久，来年春季，也可尝到美味的新鲜瓜果。在大雪纷飞的隆冬，新疆许多城市街头可以见到人们围着火盆吃西瓜或甜瓜的情景。维吾尔族老乡在饭后也常从瓜窖中取出西瓜、甜瓜，一家老少围着室内燃起的熊熊炉火分食，别有一番情趣。

第五章

婚姻家庭

第一节 绿洲的纽带——维吾尔家庭

父系家长制家庭 维吾尔族传统家庭，是以夫妻关系为基础、父亲或丈夫为核心的家长制家庭。家庭成员一般包括祖孙三代以内的直系亲属，多子家庭一般在儿子成年结婚后与父母分家，另立门户，但要留下一子与父母同居，尽赡养之职，通常是最年幼的儿子。在这种家庭中，父亲或丈夫作为一家之长，既是全家生产经营的组织者，也是家庭收入的管理者和分配者，对家庭具有统治支配权。父母对子女有命名、抚养、教育及婚嫁的责任，子女对父母有养老、送终的义务。

维吾尔族家庭长期是以父亲或丈夫为核心的家长制家庭，家庭中的一切事务由父亲、丈夫支配。在家庭中夫妻地位不平等，男人被视为女人的第二个“胡达”，男人的一言一行具有很大的权威性，女人一般无权过问和处理家产。20 世纪 50 年代以前，妇女很少有参加社会性的生产劳动的机会，绝大多数只能从事家务，在家做饭，给丈夫往田间送饭、纺线、喂牲畜等。妻子对丈夫只能俯首听命，子女必须尊敬父母，听从父母的安排。婆婆对儿媳有很大的权力，在儿媳过门后，家务主要由儿媳操持。在现代家庭中，男女地位日趋平等，男子对家庭重大事物有决定权，而对家庭日常事务的决定一般都尊重女性的意见，以夫妻共同决定为主。

幸福大家庭 古丽巴哈尔提供

在居住方式上，维吾尔族家庭都是从夫居，父母亲年纪大了以后，一般都是随儿子居住，如果没有儿子只有女儿，父母亲则单独生活，不随女儿居住。

维吾尔族的亲属关系主要分直系亲属、近亲、远亲和姻亲。在亲属关系上以父系近亲为主。维吾尔族的亲属称谓通常使用最基本的直系亲属的称谓。称祖父、外祖父为"群大大"、"群阿塔"或"博瓦"，祖母、外祖母称"群阿帕"、"群阿娜"或"姆妈"，父亲称"大大"或"阿塔"，母亲称"阿帕"或"阿娜"，哥哥称"阿喀"、"毛拉喀"，嫂子称"彦盖"、"汗阿恰"、"依给其"、"阿依拉"，弟弟称"依乃"、"乌喀"，姐姐称"阿恰"或"艾带"，妹妹称"森额尔"，儿子称"吾古勒"，儿媳称"可林"，女儿称"克孜"，女婿称"库依吾古勒"，丈夫

称“艾日”，妻子称“哈腾”。其他三代以上或三代以下旁系亲属也有专门的称谓，伯伯、叔叔、舅舅称“塔嘎”，姑姑、姨姨称“阿玛”，堂、表兄弟称“乃维热阿喀、乃维热吾喀”，表姐妹称“乃维热阿恰、乃维热森额尔”。亲属间辈分等级不太严密，除直系亲属的三辈之外，其他长幼辈常不按辈次而以年龄大小来决定其称谓。通常在他们名字的后面根据年龄大小加上“大大”、“阿娜”或“阿帕”、“阿喀”、“阿恰”等。这种称呼可以及于姑父母、舅父母、叔伯父母、堂兄弟、表兄弟、堂姐妹、表姐妹等亲属。夫方亲属与妻方亲属相同，均在基本称谓前加“开依尼”构成，如公公、岳父称“开依尼阿塔”，婆婆、岳母称“开依尼阿娜或开依尼阿帕”，大叔子、大舅子称“开依尼阿喀”，小叔子、小舅子称“开依尼依乃”，大姑子、大姨子称“开依尼阿恰”或“开依尼依给其”。

维吾尔族赡养抚养义务一般地限于同胞兄弟血亲以内。对年老无子女的人，由同胞兄弟姐妹及他们的子女赡养送终。年幼丧父丧母的孩子，由其同胞兄弟姐妹及他们的子女抚养。如果年老无子女或年幼丧父母，又无同胞兄弟姐妹及其子女，其他亲属不负抚养义务，亦无继承权，由礼拜寺依玛木[①]聚众公议，指定赡养送终及抚育的人。

独特的命名习俗　姓氏见证家庭的传承，维吾尔族的姓名也不例外。维吾尔族实行逆推式父子连名制，由本名加父名构成，本名在前，父名在后，如“乌买尔·托乎提”、“阿依努尔·艾山”，乌买尔、阿依努尔为本名，托乎提、艾山为父名，简称时，可以省略父名。没有固定的姓。有的还在姓后加注表明其社会地位、职业、威望的尊称或是生理特征等意义的尾缀。维吾尔族没有延续使用的固定的姓氏，父名只能连在自己儿女的名后，不能连第三代、第四代等，世世代代以此类推。

① 依玛木是教职称谓，即清真寺的住持，在集体礼拜时负责率众礼拜。

因受伊斯兰教的影响，多采用阿拉伯语或波斯语命名，如阿布来提（安拉的奴仆）、阿不都热西提（指引正确道路的奴仆）、玛丽亚木（祈祷者）、沙吉旦（诚拜安拉的妇女）等。除此以外，喜欢用天体物质、四季、花卉、动物或反映时代特点的维吾尔语词汇起名，如艾尔肯（自由）、多力坤（高潮）、拜合提亚尔（幸福）、尧勒瓦斯（老虎）、古丽巴哈尔（春天的花）等。维吾尔人名之后，男性多冠以“阿洪”、“江”、“巴依”、“卡日”，女性多冠以“汗”、“古丽”、“克孜”等词，以年龄、身份不同而附加表示亲昵的专称。

维吾尔族还有取绰号的习惯和传统，多为周围的朋友和熟人根据其性格、相貌、职业、为人、爱好等取的。一般多把绰号缀在名字后面称呼，如“司马义默孜多孜”（司马义鞋匠）、“哈斯木热瓦甫”等，前者说明此人的职业是鞋匠，后者说明此人擅长弹奏热瓦甫。

男女均享有遗产继承权 维吾尔族传统的遗产继承习惯，是依血缘关系的亲疏远近而决定的。新中国成立前遗产一般在直系亲属中进行分配，若死者留有遗嘱，旁系亲属也可以分得遗产。根据传统习惯，男女均有遗产继承权，但儿子所得要比女儿多一倍。若没有儿子，只有一个女儿，女儿分得遗产的二分之一，其余二分之一由近亲继承；有两个以上的女儿时，女儿分得遗产的三分之二，其余三分之一由近亲继承。夫妻之间的遗产继承要看有无子女。如丈夫先死，有子女，妻子只能分得丈夫遗产的八分之一，其余分给子女；没有子女时，妻子可分得遗产的四分之一，其余由夫方的直系近亲继承。如果妻子先死，有子女，丈夫可得妻子遗产的四分之一，其余分给子女；没有子女时，丈夫可得遗产的二分之一，其余由妻方的直系近亲继承。已经与父母分居，并结婚生有子女的儿子，如果比父母早死，他的遗产的六分之一要分给父亲，其余由其子女继承；如果儿子没有结婚就和父母分居，而又比父母早死，则先把死者的债务偿清，再把遗产的三分

之二分给父亲，三分之一分给母亲。随嫁子女只有权继承其生母的遗产，而无权继承其继父的遗产。夫妻两人既无子女，又无父母时，所遗财产，属于丈夫的由丈夫的直系近亲继承，属于妻子的由妻子的直系近亲继承。养子、继子一般没有继承权，若死者没有任何亲属，养子或继子也可继承财产。在维吾尔族中虽然女子在出嫁时有一定的陪嫁，但仍有继承权。维吾尔族家庭比较注重保护离婚妇女的权益，为使女儿在离婚后有个落脚点，在分遗产时尽可能要给女儿分一间房子，即使遗产中只有一间房子，也要先留给女儿。

严格恪守教内婚、族内婚　伊斯兰教对维吾尔族婚姻的影响很大，一般禁止与非伊斯兰教徒通婚，此种限制，对于妇女尤为严格。这种限制主要源于伊斯兰教严格的宗教内婚的规定，严禁穆斯林与非穆斯林之间的通婚："你们不要娶以物配主的妇女，直到她们信道。已信道的奴婢，的确胜过以物配主的妇女，即使她使你们爱慕她。"[①]《圣训》中也说："娶妻时要注重女人的钱财、名声、美貌和教门。你当娶有教门的女人，真主从品德上会使你致富。"[②] 维吾尔族等信仰伊斯兰教民族也普遍遵循宗教内婚及女性不嫁非穆斯林的原则。

通常，维吾尔族婚姻双方都必须信奉伊斯兰教，必须是维吾尔族，最好社会、经济条件相当。与非信仰伊斯兰教民族通婚难度很大，通婚者一般要求非穆斯林一方必须接受自己民族的生活习俗，甚至是宗教信仰。即使成婚，也会受到家庭的阻力、社会舆论的指责，为社会所不容。在维吾尔族中极少有与不信仰伊斯兰教者通婚的。这种受传统文化影响的婚姻关系，随着不同民族间交往的增加，略有改变，维吾尔族中也有与不信仰伊斯兰教者的通婚，但为数很少。据 2000 年人口普查资料，维吾尔族有配偶人口的婚姻绝大多数为族内婚，族际通

① 马坚译：《古兰经》，中国社会科学出版社，1981 年。

② 《布哈里圣训实录精华——坎斯坦勒拉尼注释》，中国社会科学出版社，1981 年。

婚率很低，只有1.05%，是中国55个少数民族中族际通婚率最低的一个民族。①

维吾尔族还实行民族内婚制，主要是在本民族内部通婚，并有亲邻内婚制的习俗，即亲属之间和同村邻里之间进行婚配。由于农村社会交往范围的限制和亲属联姻习俗，维吾尔族人的择偶空间相对狭窄。维吾尔族除禁止同胞兄弟姐妹之间的婚配外，堂兄弟姐妹、姨表、姑舅表兄弟姐妹间均可以通婚，但禁止吃过同一个母亲乳汁的非同胞兄弟姐妹之间结婚，维吾尔族称“依米代西”。

盛行早婚 维吾尔族有早婚的习惯，这很大程度上是受到了伊斯兰教的影响。教义规定，男满12岁，女满9岁就算成人，可以婚配。美国学者约瑟夫·布鲁多克在其所著的《婚订——世界婚俗》一书中指出，伊斯兰教认为，女孩子天生孱弱，无力保护自己，早早出嫁可以避免婚前失贞。在维吾尔族社会，如果女子稍大不嫁，社会舆论会给父母带来一定的压力。《福乐智慧》第六十二章“论应当如何娶妻”中多次提到女性的贞洁：“她应出生良家有纯正根基，贞洁、知耻，虔敬真一”，“女性虔诚、贞洁，便高贵无比，其余三项（财富、门第、美貌）寓于其中，毋庸置疑”。

为子女完婚被认为是维吾尔族父母应尽的一项责任和义务，因此父母为了早日看到子女成家立业，生儿育女，学会持家经验，同时期望自己老有所养，也愿意子女早婚。过去一般男16～18岁，女15～17岁，父母就要为子女操持婚事。新中国成立后，随着《婚姻法》的贯彻执行，早婚现象现在基本消除。

宽容对待离婚再婚 维吾尔族对离婚和再婚比较宽容，夫妻不和即可离异。离婚或丧偶以后，男女双方都可以另行再婚，不受任何人的干涉。但是女方必须经三个月零十天的待候期才能改嫁。这期间妇

---

① 李晓霞：《新疆民族混合家庭研究》，社会科学文献出版社，2011年。

女若有身孕，所生的子女仍归原夫或原夫家族。

按传统习惯，丈夫有提出离婚的特权，对妻子说了“塔拉克”（休妻）或“阔由杜木”（放了你），便算断绝夫妻关系。在许多情况下，因一般的家庭纠纷，男子一时感情冲动说了一句“阔由杜木”或“塔拉克”，就可以形成离婚，夫妇就不能在一起生活。如果双方愿意复婚，需要重新举行简单的结婚仪式，须请宣礼员或会诵经的人诵经和解，即可恢复夫妇关系。如果双方或一方不愿复婚，女方必须经三个月零十天的待候期才能改嫁。如果丈夫说了三个“塔拉克”，便算永远断绝了夫妻关系，一般就不再可能复婚了。维吾尔族正式离婚时，双方彼此平分家产。如果双方在财产、孩子问题上发生争执，就到宗教法庭裁决。妇女虽然一般没有离婚的自由，但在两种情况下可以提出离婚：一是丈夫出外多年，不通音讯；二是丈夫半年不与妻子同居、不管衣食。现在随着人们思想意识的变化和《婚姻法》的贯彻，离婚现象逐年减少，夫妇离婚也不受宗教的影响。如男女双方感情不和，可直接去婚姻登记部门办理离婚手续，如发生财产、子女归属纠纷则由法院判决。

在维吾尔族家庭中，丈夫死后，其兄弟一般不能续婚，即不能娶弟媳或嫂子为妻。妻子死后，丈夫可以娶妻子的姐姐或妹妹为妻，主要是为了维系亲属关系，尤其是为了照料、抚养子女。丈夫死后，妻子有权回娘家居住或改嫁他人，公婆无权干涉。在一般情况下，丧偶的一方要等死者去世一周年后才能结婚。在维吾尔族中大多数人也遵守这个不成文的习俗，不然会受到舆论的谴责。

新中国成立以后，维吾尔族人在婚姻和家庭方面发生了很大的变化。妇女们不但在家中享受了平等的地位，而且和男子一样成了国家的主人，大量的维吾尔族妇女成为职业女性。随着经济文化的发展，人民生活的改善，维吾尔族人的婚姻家庭习俗，不仅保持和继承了优良传统，而且增添了许多新的内容。

第二节　隆重热闹的婚礼、庄严肃穆的葬礼

隆重热闹的婚礼　婚礼不仅是新婚者个人的大事，也是他们家庭、亲友以至各自村庄中的一件大事，双方家庭都要举行庆贺活动，常常延续数天，充满了节日般的喜庆气氛。每次的婚嫁之礼都是当地社区的一个盛大节日，人们热情分享着婚姻双方的快乐。

隆重的婚礼　古丽巴哈尔提供

维吾尔族视婚姻为人生一件大事，故特别看重婚姻的缔结过程，在举行婚礼前要经过提亲、定亲、订婚等礼仪。子女成年后，男孩的父母开始从亲友邻里、乡里为儿子物色对象。选中之后，即托“艾里且”（媒人）到女方家提亲。得到女方同意后，男方的母亲带着衣料、馕、茶叶、盐、糖果等礼物在一些女性亲友的陪伴下，前往女方家，

这时双方的母亲就算正式认了亲。女方家备餐热情招待来客。这一天，双方还要商定订婚的日期。定亲后，女方将彩礼清单列出，由“艾里且”送到男方家。一般女方总要多列一些，彩礼或增、或减、或调等，主要由双方代表进行协调解决。双方家长一般不直接参加协商，在幕后进行操纵。维吾尔族的彩礼主要包括三项：新娘的金银首饰、四季衣服、衣料、鞋靴、巾帽、手表等物品；礼物性彩礼，专为女方父母兄弟姐妹及其他亲属送的礼物，主要以衣料为主；女方婚宴上所需的食物，包括肉、油、馕或面粉、大米、胡萝卜、盐等。彩礼的多少，社会上一般有流行的标准，但也视男方的经济条件。现在城市里大多直接给现金。订婚时，男方的父母带着彩礼在三四十位亲友及邻居的陪同下，与女方父母及亲属正式见面。女方家设宴款待来宾之后，男方请一位能说会道的妇女把带来的彩礼当众打开，一一展示给来宾。这一天双方将商定举行婚礼的日子。现在多在订婚仪式举行一两周后就举行婚礼。

维吾尔族婚礼隆重、热烈，亲朋好友欢聚一堂，以歌舞庆贺，热闹非凡。婚典通常要举行两三天。依照传统习惯，婚礼的主要费用一般由男方承担，举行婚礼前几天男方就要将女方婚宴所需的大米、肉、油、胡萝卜、馕、糖果、水果等食品送到女方家。女方父母要为新人准备铺盖、窗帘和布置新房的其他用品。婚礼前男女双方家庭各自向自己的亲友发送请柬。婚礼的第一天，新郎、新娘两家同时在各自的家里设宴招待来宾，人们弹着都塔尔、热瓦甫，打着手鼓，唱歌跳舞，充满了喜气洋洋、欢声笑语的欢乐气氛。

婚礼第一天早晨，在女方家举行“尼卡”（证婚）仪式，参加的人主要有新郎新娘和伴郎伴娘及双方家长。举行仪式时，分男女站两厢，由阿訇诵经后，询问新郎新娘是否愿意结为夫妻，一般问三次，新郎在问了一遍之后就爽快响亮地回答：“愿意。”而新娘则在问了三遍之后，才会羞羞答答地小声回答："愿意。"之后便请新郎新娘吃用盐水浸泡过的馕，刚刚还忸忸怩怩的新娘，此时却勇敢而果断，动作敏捷而迅速。据说，谁先吃馕，今后家里的事就由谁做主。馕虽咸，寓意新婚夫妇"同甘共苦，永结良缘"。因为盐和馕是维吾尔人日常生活中不可或缺的两样东西。仪式结束后，新郎回家做迎亲的准备。

美丽的新娘　古丽巴哈尔提供

上午，新娘子由伴娘和前来贺喜的女友陪伴，等候迎亲队伍的到来。新郎也由伴郎及前来道喜的朋友陪伴，聚集在一起弹琴、唱歌跳舞、说笑，尽情为婚礼助兴，并耐心地等待着接亲时刻的来临。下午，新娘换上婚礼服，修饰得如花似玉，头蒙面纱在家等候迎亲队伍。穿戴一新的新郎，在亲友的簇拥下去女方家迎娶新娘，一路上迎亲的小伙子们打起手鼓、吹着唢呐、弹着热瓦甫、唱着欢快的"迎新娘歌"：

乡亲们都爱马群里的枣红马，
今天我们要娶走曼兰（村里）最聪明的姑娘。
姑娘像金色的花朵，
小伙子是冬天的花朵。

一个是夜空的皎月，
一个是夜空的明星。
两人真是一对幸福的伴侣，
两人会像奔流的河水，
两人会日夜唱着幸福的歌。

当女方听到迎亲队伍的歌声时，立即将大门堵上，只有在得到男方的礼品后，才会将门打开，请迎亲队伍进门。女方盛情招待迎亲宾客，之后接亲的人们在新娘家的院子里跳一会儿舞，以增添婚礼的喜庆气氛。新娘被接走前，要与父母辞别，新娘的父亲为女儿祈祷祝福，新娘与家人难免要流下依依不舍的泪水。这时小伙子们高唱“劝嫁歌”：

莫哭泣，姑娘莫哭泣，
今天是你的婚礼，
你已安家在金花灿灿的新房。
莫哭泣，莫哭泣，
这会儿你该是大喜，
你和雄鹰般的小伙子结为伉俪。
莫哭泣，莫哭泣，
这会儿正是你的婚礼，
英俊的美男儿成了你的知己……

簇拥着新郎新娘坐上披红扎彩的迎亲车离家而去。迎亲的小伙子打着手鼓、弹着热瓦甫、唱着喜歌走在前面，整个迎亲队伍沉浸在喜悦的气氛中。在迎亲队伍经过的路上，随时都可以遇到“拦驾”的人们，他们或站在路中，或用一条麻绳拦住去路，只要他们得到一点礼物，队伍便可以继续前进了。当然他们的目的不是礼物，而是以此方式为婚礼增添一些热闹的气氛。当新娘来到婆家门口时，新郎的家人为新娘铺上了红色的“帕炎达孜”（一块长布），新郎新娘刚走过，女宾们便扑上去抢那块布，以作为吉祥之物留作纪念。大家又拉又扯，你抢我夺，扭作一团，都想抢到一块，场面十分热闹。进屋后，青年男女唱歌跳舞进行揭面纱仪式，其中一人乘跳舞之机冷不丁将面纱揭去。然后客人们入席吃喜宴，晚上举行麦西来甫，大家尽情地唱歌跳舞，尽情欢乐，几乎所有的人都随着欢快的鼓点琴声，翩翩起舞。婚后第二天清晨，女方家里给新郎新娘送来早餐，维吾尔族称“依斯克力克”。在城市，早餐之后，新娘、新郎在伴郎、伴娘陪同下，分别去给岳父母、公婆行礼问安。在农村，新娘在婚后的第三天，在丈夫及婆家人的陪同下去娘家，婚后一周之内，双方家里都举行“其尔拉克”（宴请），彼此宴请双方亲友。现在随着社会经济文化的发展，维吾尔族婚礼增添了不少符合时代精神的新内容。

庄严肃穆的葬礼　维吾尔族信仰伊斯兰教后，葬礼仪式皆按伊斯兰教的礼仪进行，实行土葬。按照伊斯兰教法规定，子女对父母要厚养薄葬，父母在世时，子女要赡养他们安度晚年，父母去世，不允许任何物质陪葬，做到来去无牵挂。

维吾尔族人认为在星期五、肉孜节、古尔邦节去世是死者的幸福。许多民族有“落叶归根”的习俗，而维吾尔族却更为讲究这一点，他们愿意在自己家里静静地死去。如患重病治疗无望时，他们便回到家里，而不愿死在病房；若有人突然在外地去世，家属也要千方百计把尸体运回家乡埋葬。维吾尔族实行速葬，一般情况下，尸体在家停放时间不长，早亡晚埋，晚亡午葬，若其子女在外，等一两天也可以，但最多不超过三天，以免尸体腐烂。

维吾尔族人临死前，亲友前来做“都瓦”告别，请阿訇念《古兰经》的有关章节，祝其入天堂。人死后，首先将尸体平放，用白布带固定其下巴，使其嘴闭住，使人感觉死者安详地睡在那里，其面部要朝西方安放，并捆住两脚大拇指，并用干净白布覆盖。对死者进行一番处理之后，分头派人向死者亲友报丧。得到消息的人陆续来到死者家，向死者家人表示安慰，一般与死者认识的人都会来奔丧。维吾尔族人家一旦有了丧事，其亲人均失声痛哭，邻里街坊一旦听到哭声立即前来悼念，进行安慰。每当亲友来吊唁时，死者的亲属哭唱挽歌表示哀悼，挽歌多由亲人自编自唱，有些人唱起挽歌悲哀凄切，催人泪下。维吾尔族的丧歌没有统一的歌词和内容，而由唱歌者自编。内容主要是颂唱死者的德行，表达亲人的悲痛心情等。死者家人及近亲要身穿长衣，男性亲戚腰系白布或头缠白布在门外哭丧，女性亲戚身穿白裙、头戴白头巾、披白长纱丧服，在屋里哭丧，接受人们的慰问。送葬时由男性参加，妇女不能去墓地。服丧期间（一般为40天），死者的亲属不能参加娱乐，不能戴首饰、穿色彩鲜艳的服装，死者家里不能举行婚庆喜事等。

葬前，将尸体放在“塔合特日完”（洗尸板）上，由专门的人员为死者净身，男性死者一般请清真寺的买僧和一两位年长的男性为死者净身，若死者是女性，则请年长的妇女或布维来为死者净身，童男童女均可以洗。洗时，按先下后上、先右后左的顺序擦洗3遍。洗时忌水流入死者口、鼻、耳、目之中。整理好发、胡，然后用白布做的“克番”（裹尸衣）裹身，一般男的裹三层，女的裹五层，并撒上香料。之后，将尸体用毡子裹住放在“塔吾提”（抬尸木架）里，并盖上布单，由亲友护送，抬到清真寺为其念经举行葬礼，妇女留在家里，不参加葬礼。净身时，其他人不得入内，阿訇要在净身的门前替死者祈祷赎罪（小孩子不进行赎罪仪式）。葬礼一般在“巴木达特”（晨礼）、

"皮西尼"（晌礼）、"纳马孜迪尕"（晡礼）或"主麻聚礼"、"节日会礼"之后进行。将尸体抬进寺后，首先做"伊斯卡特"，意思为最后一次施舍，死者家人将分好的钱及财物给寺里的阿訇和其他人。然后行"站礼"，由阿訇念经、祈祷。祈祷仪式结束后，众人将遗体抬往墓地埋葬。送葬时，死者的儿子及亲戚在"塔吾提"前哭行，其他人走在后面。"塔吾提"由年轻人轮换着抬，也有一些过路人主动上前抬着走7步以上以示哀悼。"塔吾提"经过时，路人停立向死者做"都瓦"（祈祷）。

悼念亡者 古丽巴哈尔提供

维吾尔族墓穴分外穴、内穴两部分。外穴为深2米、长2米、宽1.6米的长方形直穴。内穴为开在外穴下面壁侧的长2米、高1米、宽1米的横洞。尸体被抬到墓地后，死者的亲友将尸体从"塔吾提"上抬下，取掉毡子，送入墓穴中，放平后整理四肢，并解开下巴和两脚大拇指上的白布带，让死者的头朝麦加方向。然后用土坯封闭内穴口，向外穴坑撒7坎土曼（一种农具）土。这时由阿訇们诵读经文，为死

者祈祷。死者的孩子或直系亲属中一人前去阿訇面前，询问死者生前是怎样的人，阿訇们便作出公正的评价。之后填平外穴坑，送葬的人为死者做“都瓦”。死者的家人向众人分发“伊斯卡特”（如馕、糖、火柴、钱等物）。去墓地参加送葬仪式后，众人又返回死者家，再次念经祷告，安慰死者家属。送葬的第二天晨礼后，死者家人前往墓地念经做祷告。死者家人一般要服丧40天，以示对死者的哀思。

死者死后的第三天、第七天、第四十天和周年举行“乃孜尔”，请亲友参加，做抓饭招待，并请阿訇念《古兰经》。在吐鲁番地区还要举行五天、百天乃孜尔，和田举行二十天乃孜尔。“乃孜尔”是“祭事”的意思，是对死者表示缅怀和哀悼的主要活动。每逢死者的纪念日和古尔邦节、肉孜节，死者亲属都要去墓地为死者念经祷告，并为死者坟培土，以示悼念。

七日乃孜尔，是各种乃孜尔中规模最大，最为隆重的乃孜尔。这一天要发请柬邀请亲朋好友、邻里同事等参加，丧家要设宴招待客人，参加乃孜尔的人不能穿鲜艳的衣服，男性一般头戴帽子，女性要头戴头巾。参加乃孜尔的女客要带馕、布等礼物。在“乃孜尔”举行的过程中，阿訇每隔一会儿就要诵经一段，场面甚是肃穆庄严。

第六章

维吾尔族人口状况

维吾尔族主要聚居在新疆维吾尔自治区境内塔里木盆地周围和天山以北的一些地区。此外，湖南、浙江、北京、上海等省市也有少量分布。在少数民族中，维吾尔族人口仅次于壮族、满族、回族，居第

幼儿园中的儿童 古丽巴哈尔提供

四位。

新中国成立后，维吾尔族人口有了很大的发展。1953 年第一次全国人口普查时维吾尔族人口仅有 361.05 万人。到 2010 年第六次全国人口普查时达到 10 069 346 人。其中新疆维吾尔族人口达 10 001 302 人，占全国维吾尔族总人口的 99.32%，占新疆总人口的 45.84%，居新疆各民族人口第一位。南疆是维吾尔族聚居的地区，维吾尔族人口占其总人口的 80%以上，其中尤以喀什、和田和阿克苏地区最为集中，占全疆维吾尔族总人口的 70%以上。

第一节　人口发展变化

幸福家庭　古丽巴哈尔提供

清代以前，史料对新疆人口统计资料十分匮乏。史料中最早记录维吾尔族人口数量的是《大清会典》，记录了 1761 年（乾隆二十六年）新疆境内有维吾尔族 59 581 户，208 390 人，但这个数字未含哈密维吾尔族人口。

另据清朝调查估计的资料，1766 年（乾隆三十一年），新疆境内主要地方的维吾尔族人口为 66 871 户，262 078 人①。

表 6-1 清初维吾尔族分地区人口数

地区	户	人
哈密	1950	12 163
伊犁	6406	20 356
辟展	2937	10 373
哈剌沙尔	1130	5390
库车	1112	4260
沙雅	673	1898
赛喇木	500	1627
拜城	563	1735
阿克苏	7506	24 607
乌什	822	3158
喀什噶尔	14 056	66 413
叶尔羌	15 574	65 495
和阗	13 642	44 603
合计	66 871	262 078

这些统计数字虽然不尽完全，但可以使我们了解清朝前期维吾尔族在新疆的分布情况。从这一统计中可以知道，18 世纪后期，喀什噶尔、叶尔羌、和阗是维吾尔人最集中的地区。

自新疆统一至张格尔发动叛乱的六十余年间，新疆基本安定，社会经济发展，人口迅速增加。为掌握维吾尔族人口户口变化情况，清政府多次要求查核维吾尔族人口，但调查结果载入史籍的不多。根据《西域图志》、《嘉庆一统志》等史料所载数据推算，1776 年（乾隆

① 《维吾尔族简史》编写组：《维吾尔族简史》，新疆人民出版社，1991 年 4 月。

四十一年）的维吾尔族人口有 32 万人左右。

1884 年新疆建省后，清朝政府对各地户口进行重新调查，根据《（光绪）大清会典》记载，1887 年（光绪十三年）镇迪、喀什噶尔、阿克苏三道的维吾尔族人口共有 113.23 万人。20 世纪初，清政府令各地修志，并要求借此机会对各地户口进行清查。据《新疆建置志》等文献资料，光绪三十四年（1908 年）维吾尔人口已达 157 万多人。《新疆图志》记载：宣统元年（1909 年），新疆有 412 210 户，2 003 931 人，以此为据可知，维吾尔族人口在清末占全疆总人口的 3/4 强①。限于当时的条件，清政府在统计户口时，难免有遗漏现象。

清代维吾尔族人口始终呈现出稳步增长的趋势。从乾隆三十一年到光绪三十四年近 150 年的时间里，维吾尔人口从 26 万多人增至 150 余万人。

民国时期，维吾尔族人口增长较快，民国三十三年（1944 年），新疆总人口达到 401.13 万人，其中维吾尔族人口 306.78 万人，占全疆总人口的 76.48%，南疆地区的维吾尔族占全疆维吾尔族人口的 89.01%。民国三十六年（1947 年）全疆人口达到 409.11 万人，维吾尔族人口基本没有变化，仍为 306.78 万人。其中迪化区 139 704 人，伊犁区 155 416 人，喀什区 902 874 人，阿克苏区 579 685 人，和阗区 603 151 人，焉耆区 89 577 人，莎车区 555 293 人，塔城区 10 529 人，阿山区 3480 人，哈密区 28 083 人。到 1949 年全疆人口增加到 433.34 万人，其中维吾尔族 329.11 万人。

1949 年新中国成立后，新疆经济得到了快速发展，人民生活水平有了很大的改善和提高，医疗卫生事业、妇幼保健工作等都有了较快发展，人口死亡率，尤其是婴幼儿死亡率、孕产妇死亡率大幅降低，人均寿命延长，使维吾尔族人口得到较快增长。1953 年第一次全国人

① 苗普生：《清代维吾尔族人口考述》，新疆社会科学，1988 年第 1 期。

口普查时，为 360.76 万人；1964 年第二次全国人口普查时，为 399.16 万人；1982 年第三次全国人口普查时，为 594.97 万人；1990 年第四次全国人口普查时，为 719.19 万人；2000 年第五次全国人口普查时，为 834.56 万人；到 2010 年第六次全国人口普查时，为 1000.13 万人。1953～2010 年，维吾尔族人口净增近 640 万人，增加了 2.77 倍。

表 6-2　1953～2000 年新疆维吾尔族人口数量变化情况　　万人

	1953 年	1964 年	1982 年	1990 年	2000 年	2010 年
全　疆	487.36	727.01	1308.16	1515.69	1845.95	2181.33
少数民族	445.15	494.89	779.51	946.15	1096.96	1306.72
维吾尔族	360.76	399.16	594.97	719.19	834.56	1000.13

1949 年维吾尔族人口占新疆总人口的 75.95%。新中国成立后，随着新疆经济建设事业发展的需要，内地人口大量迁入新疆，从而使新疆各民族人口的构成也发生了相应的变化，维吾尔族人口在全疆总人口中的比例也相应下降，但仍居新疆各民族之首。

表 6-3　新疆维吾尔族人口构成变化　　万人

	1949 年	1953 年	1964 年	1982 年	1990 年	2000 年	2010 年
全　疆	433.43	487.36	727.01	1308.16	1515.69	1845.95	2181.33
维吾尔族	329.11	360.76	399.16	594.97	719.19	834.56	1000.13
维吾尔族人口占全疆总人口比重（%）	75.95	75.42	54.9	45.53	47.44	45.21	45.84

第二节　人口构成

现代维吾尔族人　姚远摄

一、区域构成

从清朝政府历次关于维吾尔族户口的统计数字和分布情况可以看出，清初维吾尔族人口主要聚居在南疆，而喀什噶尔、叶尔羌、和阗三地区，则集中了维吾尔族人口的74%。清朝政府统一新疆后，不但有组织地向伊犁、喀喇沙尔地区迁徙大批维吾尔族人口，而且为维吾尔族人口在新疆境内的自然流动创造了条件。至清末，维吾尔族人口虽然仍多分布在南疆各地，但喀什噶尔、叶尔羌、和阗三地区所占比例已降为65%。特别是随着北疆地区农业开发和社会经济发展，不但在伊犁、乌鲁木齐有大批的维吾尔人口定居，而且在偏远的阜康、绥来、库尔喀喇乌苏等地，也有不少维吾尔人劳动生息。

表 6-4 清末（1908）维吾尔族分地区人口数

地区	人口数	地区	人口数	地区	人口数
迪化 *	9200	新坪	1920	疏附	108 129
绥来 *	1227	若羌	3384	伽师	99 173
阜康	622	轮台	10 297	英吉沙尔	100 920
吐鲁番	40 153	阿克苏	97 718	莎车	162 229
鄯善	18 769	温宿	100 529	蒲犁 *	21
哈密	8447	拜城	40 218	巴楚	22 332
乌苏	537	坷坪	5655	叶城	92 715
宁远 *	21 750	乌什	47 267	皮山	31 269
精河	443	库车	104 205	和阗	136 990
塔城	1427	沙雅	10 360	于阗	85 935
焉耆	21 041	疏勒	130 245	洛浦	53 278
合计			1 575 095		

注：迪化：今乌鲁木齐　绥来：今玛纳斯　宁远：今伊宁　蒲犁：今塔什库尔干

新中国成立后，维吾尔族人口的分布状况，基本上延续了历史上维吾尔族人口的分布特征。改革开放以后，随着人口流动的频繁，维吾尔族人口也由聚居的南疆向北疆，甚至内地流动，现在，维吾尔族人口分布区域扩大了，全国 30 个省、区、市均可找到维吾尔族的足迹。

维吾尔族人口在全疆各县市均有分布，但相对集中在南疆地区。南疆的塔里木盆地周围绿洲是维吾尔族人口的聚居中心，喀什噶尔绿洲、和田绿洲以及阿克苏河和塔里木河流域是维吾尔族人口最集中的地区。其次，东疆的吐鲁番盆地也是维吾尔族较集中的区域。北疆的伊犁谷地、乌鲁木齐等地也有为数不少的维吾尔族定居。

840年以后，回鹘人大量迁入南疆，经过长期融合，到13世纪初，与当地土著人口逐渐融合形成为近代的维吾尔族。到17世纪，维吾尔族主要聚居在天山以南的各绿洲上，而喀什噶尔、叶尔羌、和阗三地区则集中了维吾尔人口的74%。由于南疆特有的地理人文环境，使维吾尔族的聚居状态在数百年内没有明显的变化，其他民族的进入基本都是穿插式的，几乎没有形成大片的聚居区。17～18世纪，准噶尔部南征塔里木盆地，将大批维吾尔族农民强迫迁徙到伊犁，为准噶尔统治者种地，这些迁徙者，包括以前生活在这里的维吾尔人，都被称为“塔兰奇”（种地人）。随着北疆地区的农业开发和社会经济的发展，不但在伊犁、乌鲁木齐有大批维吾尔族人口定居，而且在阜康、绥来（玛纳斯）、库尔喀喇乌苏（乌苏）等地，也有不少维吾尔族居民劳动生息。

维吾尔族人口迅速增长的同时，在全疆各地区分布状况也有较大变化，1949～2000年，从各地区维吾尔族人口占全疆维吾尔族总人口比重变化来看，北疆和东疆所占比例呈上升趋势，南疆呈下降趋势。但南疆地区所占比重较大，除克孜勒苏柯尔克孜自治州和巴音郭楞蒙古自治州外，其他三地区的维吾尔族人口比重均呈下降趋势。

新疆维吾尔族大部分居住在农村，2000年维吾尔族城镇人口为1 603 536人，占维吾尔族总人口的19.21%；乡村人口6 742 084人，占新疆维吾尔族人口的80.79%，由此可见，维吾尔族人口城镇化水平很低，维吾尔族人口聚居的南疆，城镇化水平更低，城镇人口比重只有13.67%。

二、人口性别与年龄结构

2010年，新疆维吾尔族人口中，男性人口为5 064 182人，占总人口的50.64%，女性人口为4 937 120人，占总人口的49.36 %。

从1964年至2010年维吾尔族人口发展的进程来看，维吾尔族人口性别比，除1964年到1982年变化幅度较大外，其他年份性别比变化幅度不大，但性别比一直呈逐步下降的态势。

表6-5　不同年份维吾尔族人口性别结构

年份	总人口	男	女	性别比
1964	3 991 577	2 138 379	1 853 198	115.4
1982	5 955 947	3 052 354	2 903 993	105.1
1990	7 191 845	3 673 784	3 518 061	104.5
2000	8 345 622	4 243 646	4 101 976	103.5
2010	10 001 302	5 064 182	4 937 120	102.6

维吾尔族农村　谢光辉摄

表 6-6　2000 年维吾尔族人口分年龄组性别比

年龄组	性别比（%）	年龄组	性别比（%）	年龄组	性别比（%）
0	103.82	35～39 岁	102.83	75～79 岁	144.99
1～4 岁	103.55	40～44 岁	101.54	80～84 岁	135.42
5～9 岁	102.91	45～49 岁	98.38	85～89 岁	163.96
10～14 岁	102.90	50～54 岁	98.38	90～94 岁	130.97
15～19 岁	104.60	55～59 岁	103.14	95 岁及以上	136.73
20～24 岁	99.10	60～64 岁	116.65		
25～29 岁	98.99	65～69 岁	123.44		
30～34 岁	102.82	70～74 岁	124.59	合计	103.45

2000 年维吾尔族 0～14 岁人口比重为 33.09%，15～64 岁人口比重为 62.16%，65 岁及以上老年人口比重为 4.76%。与 1990 年相比，0～14 岁人口比重下降了 6.36 个百分点，主要以 0～9 岁人口为主，其中 0～4 岁人口下降幅度较快，由 1990 年的 15.08%下降为 2000 年的 8.58%，下降了 6.5 个百分点。老年人口比重变化不大。由于少年儿童比重大幅度下降，老年人口比重上升缓慢，致使 15～64 岁劳动年龄人口比重上升较快，由 1990 年的 55.77%上升为 2000 年的 62.16%，上升了 6.39 个百分点。

用国际通用的人口年龄构成类型标准加以衡量，2000 年维吾尔族人口已由年轻型人口过渡到成年型，但还处在初级阶段，离老年型人口类型还很远。随着维吾尔族人口年龄构成类型的转变，人口再生产类型也发生了明显变化。根据瑞典人口学家桑德巴人口再生产类型标准，2000 年维吾尔族人口再生产类型，正在由增加型人口类型向稳定型人口类型过渡。

三、婚姻与家庭状况

据 2000 年第五次全国人口普查资料，在 15 岁及以上新疆维吾尔族人口中，未婚人口比重较高，与1990年相比，上升了3.23个百分点，其原因主要在于15～24岁年轻人口数量较多，占到15岁及以上人口的31.96%。有配偶者达到了65.97%，比1990年略有下降。维吾尔族初婚有配偶人口占有配偶人口的47.02%，是全疆各民族中最低的，而再婚有配偶人口占有配偶的18.95%，是全疆各民族中比例最高的。维吾尔族丧偶比例较低，但离婚人口比例较高，占4.20%，尽管较之1990年下降了1.77个百分点，仍是全疆各民族中比例最高的。

新疆维吾尔族离婚率2000年虽然有所下降，但在新疆各民族中仍属高的。维吾尔族离婚率高与维吾尔族对离婚和再婚者比较宽容有关，使得当事人在处理个人的婚姻问题上较少考虑内外压力和顾忌。这种对离婚、再婚非议较少的社会环境，为当事人解除不幸婚姻，重新选择、安排自己的生活也创造了一定的条件。

维吾尔族传统家庭是以夫妻关系为基础的小家庭，家庭规模普遍较小。

婚姻的普遍性和稳定性仍是维吾尔族婚姻的主流。现在维吾尔族青年男女更注重婚姻质量，追求以爱情为基础的平等、和睦、幸福、美满的婚姻。从发展的趋势来看，维吾尔族家庭朝着小型化、核心化发展，家庭规模、子女数量逐渐减少。

第七章

岁时节日与民间游艺

第一节　欢乐的节日庆典

维吾尔族的传统节日主要有肉孜节、古尔邦节、巴拉提节、诺茹孜节等。除诺茹孜节外，维吾尔族的节日大多来源于伊斯兰教，节日的时间也是按伊斯兰教历计算的。伊斯兰教历也叫希吉来历，是纯阴历，以月亮的一圆一缺为1个月，12个月为1年，不考虑地球绕太阳公转的时间，也不设闰年。因此，1年为354天或355天，比公历少11天。每过32年左右，就要比公历多出1年。所以，穆斯林的节日按照公历或农历来说是"不固定的"，同一节日往往要比前一年提前11天左右。这样一来，所有节日在伊斯兰教历是固定的，但在公历中，每32.6年的每个月都轮了2～3次，依人的一般寿命，一生中，每个人都有可能体会到在春夏秋冬四个季节过节的不同感受，这就是伊斯兰教历的绝妙之处。希吉来历自创制至今14个世纪以来，一直为阿拉伯国家纪年和世界穆斯林作为宗教历法所通用。中国信奉伊斯兰教的各族穆斯林至今在斋戒、朝觐、节日等宗教活动中，仍依据该历计算。

肉孜节　在每年伊斯兰教历10月1日举行，主要是庆祝斋月期满。斋月的开始与结束，均以新月初现为准。

按伊斯兰教规定，伊斯兰教历每年9月为斋戒月。凡成年健康的穆斯林每年都要封斋一个月，斋戒是伊斯兰教徒的五大功课之一。封斋期间人们要做到清心寡欲，每日吃两餐，在日出前和日落后进餐，白天绝对禁止吃喝，严格的连唾液也不得下咽。封斋第29日傍晚如见新月，次日即为开斋节；如不见，则再封一日，第二日为开斋节，庆祝一个月的斋功圆满完成。

欢度节日 古丽巴哈尔提供

维吾尔族人在吃斋饭时，亲友、邻里之间都热情相邀。斋期满后的第二天举行庆祝活动。关于“肉孜节”的来历，有两则宗教传说流传于维吾尔族民间。相传古时候，有一次闹灾荒，孩子们由于饥饿啼哭不止。母亲们无奈，把拳头大小的卵石放进锅里煮，哄孩子们说：“妈妈给你们做汹克提麻克（一种饭食，用玉米面做成，形状像窝窝头，水煮，吃时带汤）吃。”并不时地用木棍戳一戳给孩子们看，让孩

子们相信还没有熟，还太硬不能吃，需要耐心等待。一次又一次，孩子们再也没有耐心等待了，闹着非要吃不可。母亲们没办法，只好揭开锅盖，还想用木棍戳给孩子们看。不料，木棍竟然戳了进去。母亲们很惊奇，仔细一看，原来锅里煮的卵石都变成了可以用来充饥的“恰玛古”（即蔓菁）。人们相信这是神灵为了拯救他们而显示的奇迹，奔走相告，彼此祝贺得救，载歌载舞，以各种娱乐方式欢庆，感谢真主的恩典。从此，每年的这一天人们都以同样的方式纪念，久而久之相沿成习，流传至今。另一则传说故事是：古时候人们为了躲避强大的袭击劫掠，藏在深山密林里，白天不敢生火煮饭，恐怕升腾起来的烟柱被人发现，等到天黑时才动火做饭吃。这样年复一年，代代相传演变成俗。

节日清晨，成年男性沐浴净身后，前往礼拜寺参加节日聚礼。聚礼结束后，以家庭为单位，由长辈带领到墓地扫墓。节日期间，家家户户都备有丰盛的节日食品，如馓子、糖果、点心等，人们身着节日盛装，走亲访友，互相进行节日祝福，路途相逢要互相拜年祝贺。同时还要举行各种娱乐活动，到处洋溢着节日欢乐的气氛。

古尔邦节　“古尔邦”是阿拉伯语，意为“献牲”，是根据古代阿拉伯地区的宗教传说演变而来的，所以也叫“宰牲节”。

伊斯兰教历每年 12 月上旬为教徒履行宗教功课前往麦加朝觐的时间，在最后一天（即 12 月 10 日）以宰杀牛羊庆祝。这一天正值肉孜节之后的第 70 天。古尔邦节宰牲献祭，原为阿拉伯人的习俗。相传在很久以前，先知伊卜拉欣在一个晚上，梦见“安拉”（真主）命令他到密那山谷亲手杀死自己的儿子伊斯玛仪，作为对安拉的献祭，以试他对安拉的虔诚。当伊卜拉欣遵从安拉的旨意，把儿子带到密那山谷，正要举刀宰杀爱子时，安拉派遣天使送来一只公羊，说安拉已经看到他的虔诚，可以以羊代替献祭。根据这一传说，在阿拉伯人中形成了每年宰牲献祭的习俗。穆罕默德创立伊斯兰教后，继承了这一习俗，并把伊斯兰教历12月10日定为古尔邦节（宰牲节），以后成了全世界信仰伊斯兰教各民族的共同节日。这样，从11世纪初开始，古尔邦节逐渐成了改信伊斯兰教的维吾尔人民一年一度的盛大节日。

古尔邦节宰羊　罗小韵摄

节日前，家家户户都把房子院落打扫整修一新，并缝制、购买节日新装，特别是要预先买好作为"献牲"的牲畜。妇女们则要炸馓子，烤制油馕，制作各种糕点，购买各种糖果等食品。节日期间，家境稍好一点的家庭都要宰一只羊，如果自家有牛羊，要早早确定一只，加草加料单独饲养。节日清晨，男人们沐浴更衣，到清真寺参加聚礼，之后上坟缅怀先人。按传统，节日聚礼之后的早晨是献牲祭祀、取悦安拉的最佳时机，男人们回到家后的第一件事就是宰牛羊。节日第一天的早上，家家杀牲血祭，各家各户格外忙碌，又是炖肉又是灌面肺

和米肠，又是烧羊头，节日的气氛非常浓郁。按传统习俗，宰杀牲畜时，家里的男女老少出来要抚摸被宰牲畜表示敬意，宰杀的牲畜肉不能出卖，其中一份要作为施舍分给孤寡老残和穷苦人，一份用来招待拜年的客人，一份留作自己享用。如今随着社会的发展，施舍的旧俗

农家过节　古丽巴哈尔提供

已趋于淡化。但是，当客人来拜节时，主人依然把大块儿的清炖羊肉端出来请客人吃，并亲自将肉切下来，递到客人手里。节日期间，家家户户茶几上都放着一大盘香喷喷的羊肉和金灿灿的油炸馓子，周围用各种器皿盛着各式糕点、糖果等。人们穿上最好的衣服，戴上最好的首饰，互相拜节、问候，热情招待来拜节的客人，平时有隔阂有矛盾的人相互走访，消除误会和矛盾，节日充满和谐融洽的气氛。节日的第一天，首先给在近期内发生过丧事等家难的亲友邻里拜节，表示慰问，其次是给夫妻双方的长辈拜节，最后是给近邻和长者拜节。节日期间家长还要给孩子们发贺节钱，举行各种庆祝活动，沉浸在节日气氛里的人们欢歌笑语，载歌载舞，使整个节日洋溢在欢乐的气氛中。

虽然节日法定假日为 3 天，但民间的拜年活动往往要延续十天半个月。维吾尔族民间的拜节，是维吾尔族人增强社会联系、严守礼尚

往来这一准则的重要组成部分。

巴拉提节 即伊斯兰教历8月15日之夜，即在进入斋月前15天，也就是“肉孜节”前45天举行。“巴拉提”是阿拉伯语，意为“赦免”。

相传此夜真主亲临天堂的最下层，巡视人间，决定人们一年的生死祸福。时日晚上，虔诚的穆斯林们为了赎平日可能犯下的“过失”之罪，要守夜，“大净”之后，跪坐在礼拜毯上诵经、礼拜、忏悔、祈祷，或请阿訇到家念经，图来年的平安吉祥。

巴拉提节不做“节日礼拜”，节日期间也没有互相拜节的习俗。其最大的特征是家家户户要炸油饼，然后带到墓地祭祀祖先。民间把此俗称为“散油味”。人们相信，炸油饼时的油烟香味飘上天去，能使祖先的神灵领受祭献之物和祈祷。

晚上，各家都将油葫芦拴在一根木杆上，点燃后任其落地，大家群起用脚踏碎此葫芦，表示消灾灭祸。而青少年们聚在一起手举用旧葫芦做的火把，成群结队，尽情高唱巴拉提节歌：“巴拉提来到了，你的肚子饱了吗？你看我的油葫芦多么亮啊……”在村子里挨家挨户地转悠，要求施舍食物。巴拉提节另一显著的特点，就是祖灵崇拜遗风。

诺茹孜节 维吾尔族传统节日。“诺茹孜”一词为波斯语，意为“新的一日”、“新年”，伊朗历1月1日（相当于公历3月21日或我国的农历春分）举行，延续3天至15天不等，是真正节气意义上的春天的节日。届时，各地举行庆祝活动欢度节日。

诺茹孜节是流行在中亚、西亚、高加索、巴尔干等地区的古老节日，至今已有超过3000年的历史，全世界有30多个民族同一时间庆祝诺茹孜节。2009年联合国教科文组织将诺茹孜节列入《人类非物质文化遗产代表名录》，2010年联合国大会通过一项决议，把公历3月21日命名为“国际诺茹孜节”。我国的维吾尔族、哈萨克族、柯尔克孜

族、塔吉克族、乌孜别克族、塔塔尔族等民族每年都要以歌舞、杂技等各种形式来庆祝诺茹孜节。

诺茹孜节　古丽巴哈尔提供

诺茹孜节是维吾尔族辞旧迎新、希望春天能带来吉祥幸福的节日，诺茹孜节歌谣充分表现了这方面的内容：

诺茹孜节到了物价降低，
春雨喜降麦穗颗颗饱粒。
穷苦的人们有了生机，
家家户户欢天喜地。
今天母鸡孵出了雏鸡，
诺茹孜节到了驱走悲凄。
妇女们喜气洋洋凑在一起，

姑娘、小伙子们格外高兴。
他们歪戴着帽鲜花插耳际，
歌声荡漾到处是欢声笑语。

诺茹孜节里表演的各种游戏，也是以驱赶严寒迎来春天为内容的。比如，在诺茹孜节时，把一个人打扮成冬季老人，他表演一番之后，便脱掉棉衣，给他穿上单衣迎接春天的到来。

节日这天，家家户户要用各种谷物、豆子、蔬菜等材料做“诺茹孜饭”（稠粥），预祝新的一年人畜兴旺，五谷丰登。吃诺茹孜节饭，邻里间相互赠送诺茹孜节饭以示祝贺新年。

节日期间，还举行节日庆典活动，欢宴歌舞，表演达瓦孜、萨哈尔地，举行叼羊、摔跤、赛马、踢毽子、骑毛驴等体育竞赛，举行斗鸡、斗狗、斗羊比赛。诺茹孜节过后，繁忙的春耕生产就开始了。

第二节　丰富多彩的民间娱乐活动

麦西来甫　维吾尔族传统民间娱乐活动形式，具有悠久的历史，在民间相当普及。

其起源可以追溯到古代的祭祀、祈祷、庆典活动。《魏书·高车传》称：“五部高车合聚祭天，众至数万。大会，走马杀牲，游绕歌吟忻忻，其俗称自前世以来即盛于此。”这种聚众弹唱歌吟的活动在新疆库车、吐鲁番的千佛洞壁画中曾有生动的表现。《突厥语大词典》中称之为“索尔丘克”和“苏合迪克”的晚会和冬日欢聚，可看作麦西来甫的雏形。书中还收录了一些反映朋友欢聚、歌舞弹唱、饮酒行乐情景的诗作，如：

麦西来甫　古丽巴哈尔提供

壶头如鹅颈，
斟满的酒杯如眼睛，
让我们藏起忧愁，
让我们日夜欢乐！

又如：

让我们吆喝着各饮三十杯，
让我们欢乐蹦跳。
让我们如狮子一样吼叫，
忧愁散去，让我们心情欢笑！

麦西来甫的内容大致包括音乐、舞蹈、歌唱、联句对歌、讲故事、做游戏、说笑话、滑稽表演、即兴吟诵等。由于麦西来甫内容丰富多彩，为人民群众普遍喜爱，它已成为传承维吾尔族传统文化艺术、开展群众文化娱乐活动的很好形式。

麦西来甫分为节日、野游、婚娶等多种，内容一般分为三部分：乐曲舞蹈、娱乐游戏和惩罚行为不端者。

乐曲舞蹈是以传统大型套曲《十二木卡姆》为主，开始时一人独唱，接着几个人打起手鼓，参加的人男女成双结对，翩翩起舞。舞蹈的动作不断变化，节奏越来越快，所有的人单独旋转，直到疲乏或头晕退下，最后只剩下一两个人时达到高潮，这些人便成了舞场上的佼佼者。这样，一轮结束，一曲又起，反复几次。

接着开始娱乐游戏。其中较著名的游戏有抢"黛莱"（腰带）、献茶和民歌。"黛莱"游戏动作敏捷，富有戏剧性。特别是在男女青年间进行，能成为表达恋人间无法用语言表达感情的一种手段。献茶和唱民歌也非常有趣，用一对盛水的小碗在全场中众手相传，每个递碗、接碗的人都要唱一首民歌或联句，如果传递动作失措或将水洒出，就被"罚"唱歌或说一则笑话。这种娱乐形式，要求参加麦西来甫的人，在众目睽睽之下比赛娴熟的技巧和对答如流的才华，客观上也起了繁荣民间文学的作用。有时说笑话也是娱乐形式中的一项，滑稽人物的诙谐言谈和动作，博得人们的阵阵笑声，深受维吾尔人的欢迎。

麦西来甫的第三部分是惩罚不遵守道德规范和纪律的人，参加麦西来甫的人推选办事公正无私、有威望的人担任"首领"和"法官"为纪律执行人。他们有权对那些不经允许而离开现场、无故迟到、歌舞中破坏秩序等违反纪律者进行"审讯"、"裁决"和"惩罚"。让其站在公众中间，接受大家的质问和指责，然后由"法官""判决"，实行惩罚。受惩罚者，或拿出食物、水果等招待大家，或做出种种令人发笑的游戏，如"做烤包子"、"雄鹰捉兔"、"榨油"、"照相"、"娶两个

老婆”等，其间充满了喜剧色彩，受罚者也同样感到高兴。通过这种“惩罚”娱乐，达到维护道德规范和纪律的目的。

投雪笺　维吾尔语称“喀尔勒克塔西拉西”，是维吾尔族在每年的瑞雪初降时举行的娱乐活动。

当白雪初降时，几个朋友经过商量，联名写封雪笺。信中除了开头对第一场雪的赞美和对收信人全家的祝福外，主要是要求收信者按习惯举行一次娱乐晚会，并对晚会活动提出要求。

例如：

初雪之日投雪笺，
掀开了游戏的首篇。
乘着这瑞雪带来的喜悦之情，
我向你投下这封雪笺。

愿你机警敏捷，
把投雪笺的人捉住；
给他涂上黑脸蛋，
送到我们面前来。

假如捉拿不住，
就请如期践约；
到那庆贺的日子，
门前把我们迎接。

如果你舍得破费，
可以用丰盛的宴席请我们；

如果手头不富裕，
备头洋葱也无妨。

然后，请其中一人将雪笺直接送至收信人家中。送信人要悄悄把信放在主人不易发现的地方。在送信人离开之前，如主人没有发现，就要按信上的要求举行雪礼晚会。如果送信人被当场抓住，晚会就由写信人举办。这种游戏多在小伙子中间举行，不过姑娘也不放弃参加这种游戏的机会。人们开展这种游戏，一方面，是为了解除一年辛勤耕耘之后的疲惫和烦闷；另一方面，在大雪纷扬的冬天，寄希望于来年，祝愿来年万事吉祥，称心如意。

游艺会　维吾尔族传统的娱乐活动。维吾尔族在不同的季节，举行不同的游艺会，一般多在春暖花开或瓜果成熟的季节举行，邀集亲朋好友，到风景优美的果园去游玩。

每年的5月份，即春耕之后，人们利用劳动间隙，要举行玫瑰游艺会；桑葚、杏子等水果成熟，小麦抽穗的时节要举行游艺会；夏季作物收割完毕，冬播之前，即甜瓜成熟时节要举行甜瓜游艺会。游艺会期间，人们穿上漂亮的衣服，带上美味食品尽情地游玩。游艺会在南疆维吾尔人中广泛流传，至今，有时还作为劳动人民憩息和联欢的一种形式。

达瓦孜　维吾尔族的传统竞技项目，亦称为“达尔戛齐克西”，汉语称“高空走绳”。其历史悠久，汉文史籍中称其为“走大绳”、“走索”、“走软索”、“踏索”等。

维吾尔族诗人库尔班·巴拉提在其史诗《白头巾的女神》中，描述了早在维吾尔人还信奉萨满教时代，为了欢庆丰收，艺人们架起高索，悬挂五色彩旗，伴随着鼓乐声，在高空的绳索上表演种种惊险动作，以表谢天之意的情景。诗中写道：

在不远处沙砾遍地的平地上，
踏索人架起高接云天的索。
软索上翩翩而舞的少年，
正把种种惊险动作表演。
五色彩旗随风飘舞，
唢呐和手鼓一齐奏响。
欢乐的掌声献给表演者，
眼望他一步步升碧天。
高声呐喊者是跳神的萨满，
呐喊着把绳戏的寓意演讲；
寓意对高空的永恒向往，
寓意对蓝天的虔诚敬仰。

新疆拜城县附近的克孜尔千佛洞壁画中，也有表演达瓦孜的绘画。新疆维吾尔自治区博物馆保存的建于7～8世纪的阿斯塔那古墓出土的伎乐俑中，有一对手持平衡杆、脚高高翘起的陶俑，其形态酷似今天的达瓦孜动作。《突厥语大词典》中也有“人们表演的达瓦孜，就是在绳索上表演杂技”的记载。

达瓦孜　古丽巴哈尔提供

在维吾尔族人民中流传着一个有关达瓦孜的传说：古时

候，在一座维吾尔人居住的城市里，出现了一个妖魔。它恣意妄为，时常降灾祸给人间，使全城人不得安宁。人们想铲除妖魔，无奈它在空中来去，呼风唤雨。一天，来了一位名叫乌布利的青年，他决心杀死妖魔，为人民除害。乌布利立起数根高接云天的粗木柱，木柱间用粗索联结。等妖魔一出现在城里，他便灵巧地踏索而上，与妖魔展开了殊死搏斗。最后，他砍掉了妖魔的头颅，为人民除去了大害。

达瓦孜既是一项民间精湛的表演艺术，又是一项综合性的立体体育活动。表演分为地面表演和空中表演两部分。表演者先在地面上进行翻筋斗、徒手打、杂耍、碗技、魔术等表演。空中绳上表演堪称是达瓦孜最精彩的部分。表演者手持一根长约6米的平衡杠，赤脚由平地踏上坡度逐渐升高的大绳。在软绳上做步后走动、盘腿坐索、骑索、侧走翻筋斗、蒙眼走、侧走、踩走索、飞身跃等多种高难度惊险动作，行至高处，像是失控，眼看要从数十米处栽下，但瞬间表演者却双腿夹绳，安然无恙，观者无不叹为观止。当表演者走到大绳最高处的牌楼时，便开始进行械上表演。械上表演分为吊环和单械（秋千）两项。吊环有单腿单手进行旋转、双腿进环躯体后闪等动作。单械上有回环，可进行坐械后闪、悬腰后闪、脚勾倒悬等，其基本动作与现代体操运动相似。达瓦孜表演通常以一段乐曲作为一个段落，也可连续表演，时间不限，人在高空走绳，地下载歌载舞，唢呐、达甫鼓和热瓦甫等民乐弹奏着维吾尔族传统的《十二木卡姆》，维吾尔族少女翩翩起舞。达瓦孜表演者伴随着节奏变化的音乐表演复杂的高难动作，空中地下相辅相成，浑然一体。

1997年7月4日，新疆“达瓦孜”传人阿迪力没带任何保险绳，仅用13分48秒就徒步走完600米跨越长江三峡高空钢绳，首次打破吉尼斯世界纪录。

2000 年 10 月 6 日，阿迪力没带任何保险绳，成功跨越架设在南岳衡山芙蓉峰和祝融峰之间长达 1399.6 米的钢丝，创造了“无保险高空走钢丝世界最长”吉尼斯世界纪录。

2002 年 4 月 16 日～5 月 11 日，阿迪力在北京平谷县金海湖上创下了“高空生存 25 天”的纪录，引起全世界的关注，被誉为中国的“高空王子”……

达瓦孜以家族世传方式代代相传。在达瓦孜艺人中，阿西木家族的达瓦孜就有 200 多年的历史。一代宗师阿西木·阿吉的传人，杰出的达瓦孜传人著名艺术家司迪克·阿西米，于 1953 年 11 月在天津举行的全国民族体育表演暨竞赛大会上，便以其精湛的达瓦孜表演轰动全场，他已被列入《中国艺术家辞典》。特别值得一提的是，作为达瓦孜传人，杰出的年轻代表阿迪力·吾守尔五次打破吉尼斯世界纪录。1997 年 7 月没带任何保险绳，仅用 13 分 48 秒就徒步走完 600 米跨越长江三峡高空钢绳，不仅挑战加拿大杂技家科克伦成功，而且创造了新的吉尼斯世界纪录，书写了达瓦孜史上光辉灿烂的新篇章，被人们誉为“高空王子”。

沙哈尔地　维吾尔语又称“恰克皮来克”，汉语称“空中转轮”，是由秋千演变发展而成的，流行于新疆南部地区，是深受维吾尔族群众喜爱的民间传统体育项目。

沙哈尔地　古丽巴哈尔提供

自古以来，每逢节

庆之日或农闲，维吾尔族人民就举办这一活动，往往要延续数日甚至十几日。沙哈尔地由主轴、木轮、轮杆用绳索连接而成。主轴直竖地面，高15～20米，轮杆套在轴底部，主轮顶端装有木轮，木轮与主轴底部的轮杆用绳索连接，以便推动轮杆时带动木轮。木轮两侧各系有两根长绳，两绳间以一木板相连，秋千上可站1人。表演时，轮杆两侧各有4名青年男子共同按照顺时针方向推动轮杆，使木轮转动，带动绳端秋千上的人旋转，木轮的旋转加速度可使手握秋千索的两名“飞行者”飞离地面。随着木轮旋转速度的加快，“飞行者”身体离地面越来越高，在空中旋转飞行。与此同时，奔放的热瓦甫、欢快的达甫鼓以及悠扬的唢呐声，伴着空中飞人游荡云天，别有一番风采。据维吾尔族古典叙事长诗《优素福—阿合麦特》记载，王子优素福和阿合麦特兄弟二人因与其叔父布格拉汗发生冲突，被迫远走他乡。为了吸引当地的农牧民来投奔自己，便架起空中转轮，供众农牧民玩耍，并伴以鼓乐。这部长诗描写的是13世纪维吾尔族的社会生活和历史事件。可以推断，空中转轮的产生至少不晚于13世纪。

叼羊　维吾尔族具有悠久历史的传统马上体育项目。维吾尔语称“奥各拉克塔尔提西”，“奥各拉克”意为“山羊羔”，“塔尔提西”意为“抢夺”。维吾尔族多在逢年过节或婚嫁等重大喜庆活动时，举行叼羊活动来庆祝和增强喜庆气氛。

叼羊对抗性强，争夺激烈，既是力量与意志的较量，又是机敏智能的竞争；既比勇敢，又赛骑术，更是对驯马技术的检阅。因此，在维吾尔族民间，是一项深受青壮年青睐的娱乐项目，它可以充分展示男子汉的雄风。叼羊开始之前，宰杀预先准备好的山羊，割去羊头和后小腿，扎紧食道口，有的地方还将内脏掏空，在盐水中浸泡一两个小时。据说这样山羊的皮肉会更加结实。比赛开始时，主持人将羊抛至草原或选定的广场中，于是骑手们跃马扬鞭，像离弦的箭一样，冲

叼羊　民族画报社供图

向山羊，抢先者将羊拾取后压放在蹬索或大腿之下，拍马而驰，其他骑手则群起追赶抢夺。持羊疾驰的骑手一旦被别的骑手追上，双方即在马背上展开争夺战，这时马匹左盘右旋不住地转圈子，人也激奋难抑，使出浑身解数，观众不住地呐喊助威。一会儿，众骑手挤作一团，形成多人争抢的局面。有欲冲进人群夺羊的，有想突出重围远走的，有的则千方百计阻挡不让出入。场内高潮迭起，场外群情沸腾，那种紧张激烈的情景令人叹为观止。这样激烈的角逐持续一个多小时之后，便有骑手或因自己精疲力竭，气喘吁吁；或因坐骑汗水淋淋，力不能支而落伍，他们自动退出角逐；不退场的，也因马乏人累，终于让人强马壮、人马配合默契者冲出重围，甩掉追逐者。最后，谁把羊抢到手，带出重围，并扔到事先规定的地点，或把羊扔到村中具有一定号召力、有能力举办叼羊活动的某一殷实人家的庭院里，就算胜利。叼羊活动也告结束。

摔跤 维吾尔语称“切里西西”，是维吾尔族具有悠久历史的传统体育项目。维吾尔族多在节日、婚礼、割礼、农闲、聚会、巴扎日等活动时举行摔跤比赛。

摔跤 民族画报社供图

古代西域很早就盛行这类竞技活动。据《汉书·张骞传》记载，公元前2世纪时，西域的摔跤很盛行，那里称摔跤为“角觝”。1983年，巴楚县乔提木遗址中出土了一尊7～10世纪的红色古代摔跤手陶俑，其姿态造型与现代维吾尔式摔跤相似。元代，在西域还专设“校署”，统管各个民族的摔跤等竞赛活动。《突厥语大词典》中收录了一条有关摔跤的俗语：“勿与姑娘摔跤，勿骑孕马奔跑。”维吾尔族叙事诗《白头巾的神女》中也专门描述了维吾尔人民开展摔跤的生动情景：

河流冲积而成的沙岸上，
主事者摆开了摔跤场。

人们心怀共同的愿望，
齐把勇武和力量崇尚。
四方聚来灵捷的力士，
搂腰抱腿相较量。
较力较技较速度，
如同肉搏在战场。
摔倒一个又一个，
力士称雄不相让。
最喜两强来相持，
一对雄狮战沙冈。
……
耆老、首领和族长，
旁观围坐花毯上。
不论谁把谁摔倒，
巴尔卡拉[①]！

维吾尔族摔跤大致分为喀什噶尔式和吐鲁番式两种。此外，在麦盖提、巴楚、英吉沙等地还盛行抱腿、抱腰、缠腿式摔跤。

喀什噶尔式摔跤主要流行于喀什、阿图什、阿克苏、和田等地，基本上属于站立式摔跤，不分体重级别，无统一着装要求，无时间规定，一跤定胜负。摔跤时，双方腰间系一条长 2 米、宽 20～30 厘米的蓝棉布腰带，比赛时双方先抓好腰带，裁判宣布开始后即可进攻。以将对方摔倒或肩背着地为胜。1 人能连胜 3～5 人，即得冠军，冠军人数多少，根据参赛人数来定。

吐鲁番式摔跤主要流行于吐鲁番地区和哈密地区，一般采用团体 3

① 巴尔卡拉：表示祝贺、赞扬。

人对抗赛。比赛前，双方在大腿根部系一条毛巾供对方抓握。评定胜负的标准是将对方摔成肩背着地，若1人首先接连战胜对方3名选手，则为获胜。胜利者继续比赛。负者输一场被淘汰。比赛直到将对方最后1人战胜为止。摔跤比赛优胜者被众人抬起欢呼，并奖励一个大牛头。

帕卜孜 维吾尔族具有悠久历史的传统体育项目，类似现代的曲棍球，在南疆地区的农民和青少年中很盛行。

帕卜孜 民族画报社供图

此项运动对场地器材要求不同，农民多在农闲或节假日开展。比赛在人数对等的两队间进行。每队一般7～9人。比赛场地大小因人数或地形而定。双方先在场地两端画条底线，两端点处任放两物件作为大门。双方队员各持长约80厘米、一端弯曲15～20厘米的帕卜孜球棍，在场地中央画个直径约20厘米的小圆圈，作为争球、发球圈。比赛时，将用硬木制成的椭圆形的帕卜孜球放在场地中央的小圈内，双方代表争球，球打出圈外后，双方队员持棍争抢，将球运向对方大门，

孰胜孰败，以攻球入门多少而论。若得分相等，可延长比赛时间。比赛时，队员不得以身体挡球，不得击打对方队员身体的任何部位，击球时球棍举起的高度不得超过腰部，这种运动活动量大，对抗性强，有趣味。

帕卜孜球大小似苹果，由杏木等硬木制成，这种木质的帕卜孜球也叫"夏克夏克"（维吾尔语意为快速运动之物），也有用普通粗线缠绕制成的线球。

奥都卡尔　维吾尔族悠久传统的游戏之一，《突厥语大词典》中对这个游戏有这样的注释："'窝尔德卡木、库拉甫'都是游戏的名称。"此游戏在南疆和东疆地区的农民和青少年中较为普及。

游戏对人数无固定要求，一般 3～8 人参加。首先在平坦之地画个直径 2 米左右的圆圈，圆圈边线上按参加人数挖几个小坑，小坑数量要比参加游戏的人数少一个，在圆圈中央部位挖一个大些的坑。游戏开始前先抽签或抓阄分配圈沿小坑，得不到小坑的一人成为"玛拉依"（维吾尔语意为"仆人"）。参加游戏者手持一根长约 1 米、直径 4～5 厘米的木棒站在各自的小坑旁，"玛拉依"站在圆圈中央的坑旁，坑内放一根长约 10 厘米的木条，"玛拉依"先用木棍将坑内的小木条挑起，抛向圆圈沿线的小坑，设法将木条拨入对方的小坑内。而环圈站立的其他人则用手中的木棍将小木条拨开，守护自己的小坑。若小木条被拨入坑，那个守坑人便站到圆圈中央的小坑旁，重新开始挑拨小木条。这种游戏对提高青少年的灵敏性和准确性有一定的作用。

阔依拉托甫　维吾尔族的一种对抗性很强、机动性极大的传统球类活动，略似现代体育中的垒球。

"阔依拉"意为"堡垒"。比赛使用的器械为球和球棒。球以桃、杏核做核心，外以粗线缠绕，成苹果大小的线球球面以彩线绣饰。球棒约 90 厘米长。比赛分两队进行，每队以 7～8 人为宜，各选一人担任队长。场地大小可视地形条件和参加人数多少而定，正规场地长 80 米、宽 60 米。比赛时，双方队长先争击球权。争得击球权的为攻方。攻方队员站在球场的安全区内依次击球。守方队员一人做投球手，其余队员分散站在适当的地方，为接球手。攻方击球后，立即向规定的“至达区”跑去，在跑动中未被守方接球手用球击中，并安全返回“安全区”者，可重新获得击球权。击球手击球未中，或击出不远认为不能跑时，可退入“安全区”，待第二人击球后一起跑出。守方队员接到攻方队员击出的球后，可迅速传递或直接用球击打跑动的攻方队员。若击中，守方队员可立即跑向“至达区”，如能安全返回，双方互换攻守。这个游戏只准击打跑动队员头部以下部位。

斗鸡　维吾尔族古老的民间娱乐游戏。趣味性强，具有娱乐身心、活跃文化生活的作用。斗鸡活动在新疆南部、伊犁一带和吐鲁番等地很盛行。

斗鸡　民族画报社供图

每到冬季，在小巷深处都有民间自办的斗鸡活动。培养斗鸡要从雏鸡时挑选和训练，多选择个体大、脚爪锋利、动作敏捷的公鸡加以特殊训练。有些斗鸡爱好者为了选到理想的斗鸡，不惜走村串乡，四处物色，甚至长途跋涉到外地去选。吐鲁番的鄯善县是新疆出斗鸡的地方。这里有一种鸡叫大骨鸡，是新疆地方的优良家禽品种，它头似蛇头，鸡冠极小，嘴如鹰嘴，脚爪锋利而粗大，骨骼粗壮，胸部宽厚有力，身高可达 60～70 厘米，羽毛黑里泛绿，平均体重在 4 千克以上，走起来威风凛凛。这种鸡天性好斗，还可以看家啄生人。所以喀什、和田一带的斗鸡迷常专程前往

购买。斗鸡之前，双方都不把鸡拿出来“亮相”。等讲好条件，制定出比赛规则之后，才把鸡拿出来斗。经过训练的斗鸡凶猛顽强，一场斗鸡比赛一般要持续半小时到1小时，甚至更长时间。两鸡相遇，对视片刻后，恶战随之开始。两鸡相斗，互相啄咬、爪搏，往往斗得血溅满身、毛飞冠裂也不屈服，有的甚至当场斗死。斗功不佳的鸡，或出现中途败逃，或藏头缩颈、呆立不动，即判为失败。斗鸡很少有和局，它们只要一息尚存，哪怕血流如注，双眼皆瞎，也要奋战至死，决不会认输。

斗羊　维吾尔族人民群众喜闻乐见的具有悠久历史的传统娱乐活动。经常在喜庆日、聚会场所举行。

《突厥语大词典》对斗羊有这样的记载：“扎克—扎克，加克—加克，都是令公羊抵斗的唆使语”，“他驯养斗羊，使其抵斗”。喜欢斗羊的人，平时总是选择外观雄壮、力大、有犄角、善斗的公羊加以精心驯养。斗羊时，主持人将两只斗羊放入场内，并使用一些刺激手段令其发怒。被激起斗性的斗羊一次猛烈相抵撞后，退几步继续前冲抵撞。如此数番，直至其中的一只怯阵败逃、舔身摇首或后退不前，胜负即分。斗羊有一个奇怪有趣的现象，只要一只羊做出上述怯败动作，胜羊决不穷追，不再寻斗。一般连战连捷三场可以获得奖品。有时也采取淘汰赛的办法选出两只羊进行决斗，胜者给予奖励。斗羊活动在南疆的克孜勒苏柯尔克孜自治州、喀什、和田、阿克苏等地较多。那里的人们不分老幼都喜欢观看这项活动。

斗羊　任玉勇摄

阿克铁来克—阔克铁来克　深受维吾尔族儿童喜爱的一种游戏。汉语意思为“白杨—青杨”。

此游戏多在晚间进行，不受场地、季节、人数的限制，对锻炼奔跑和快速反应能力很有裨益。游戏开始时，参加游戏的人分成两队，手挽手面对面分别站在两边，两队相距20～30米，两队分别叫“白杨”和“青杨”，这一游戏由此得名。游戏开始后，白杨队队员唱道：“阿克铁来克，阔克铁来克，我们中你要哪一位？”青杨队队员答道：“心灵手巧，事事做得好，就要你们的×××。”被叫名字者，立即跑到青杨队前，用力拆散青杨队的队列。若把青杨队的队列拆散，就赶快拉一人到白杨队内，这样算白杨队胜。如果经过反复地抢拉还拆不散，此人就只有参加进青杨队。如此反复，直至某一组队员越来越少，终于不敌对方认输为止。还有一种玩法是，被叫到名字的人从队列中跑向对方队前，随意与其中的一人击掌后立即返身向本队跑，击掌者在后面追。若在跑回本队之前被对方抓住，就成为对方的队员；若没有被抓住，则为本方增加一名队员。最后以人数多少定胜负。

都木拜让　维吾尔族儿童游戏。

选一人为“母”，一人为“子”，母将子的头抱入怀里，拉其背问道：“都木都木？”子答：“来外来外。”母问：“你妈妈在哪里？”子：“在旧麦草房里。”母：“在干什么？”子：“在做饭。”母：“给我留没有？”子：“被乌鸦抢走了。”母：“那你给我找回来。”这时围在旁边的人中的一人猛拍“子”的后背，“母”便放开让他找拍背的人，若找到，则换人，若找不着，则继续问话猜人。

打嘎嘎　维吾尔族青少年喜爱的一种传统游戏。

维吾尔语称这种游戏为“瓦来伊”，是因打时要求守方的人在跑动中不停地呼喊“瓦来伊！瓦来伊”而得名。这种游戏多在秋冬季玩，凉爽和寒冷的气候有利于增进青少年的御寒能力，同时，也有利于培

养青少年的敏锐和坚忍不拔的毅力。

这种游戏所需的器材主要为嘎嘎和一根击嘎棒。嘎嘎长15厘米左右，粗3厘米左右，将两头削尖，呈纺锤状，击嘎棒长约80厘米，直径4～5厘米。首先要在一块平坦、开阔的场地一边画一个直径为50厘米的圆，圆的中央挖一个长20～25厘米、宽可容纳击嘎棒的小沟，也可放两块砖或石头。游戏玩法是攻方将嘎嘎横放在小沟上，用木棒从下面挑起来，狠命地往远处击打，分散在场内各处的守方人员用双手或帽子接嘎嘎。攻方成员打出嘎嘎后，将击嘎棒放在圆圈内。若守方队员接住了嘎嘎，就要互换攻守。若没有接住，则在嘎嘎落地的地方，捡起嘎嘎朝圆圈内的击嘎棒击去，嘎嘎落在圈内或击中击嘎棒，交换攻守。若未投入圈内，也未击中击嘎棒，则由攻方从嘎嘎落地处，连续击打嘎嘎三次，并用大步量出嘎嘎落地到圆圈的步数，记录下来，再换另一人击打嘎嘎。若这次打出的嘎嘎被守方队员接住，那么攻方的击嘎权连同累积的步数就被“烧”了，且交换攻守。没有被接住便将两人所得步数累加，直到攻方最后一名队员都击打完。比赛中，每人只有一次击嘎权。

最后，哪一方获得了最多或事先约定的步数，即为胜者。获胜的一方，每个成员有三次击打嘎嘎权，这时对方既不能阻挡也不能用手接。胜方队员连击三次后，负方队员从嘎嘎落地处跑回圆圈，口中还要不停地喊着：“瓦来伊！瓦来伊！”如间断，则胜方队员从停顿处再击一次嘎嘎，负方队员重新喊着“瓦来伊”返回圆圈为止。

第八章

经济生产

第一节　戈壁沙漠中的绿洲经济

维吾尔族在不同的历史时期和不同的自然地理、社会历史条件下，从事过畜牧业、农业、手工业、商业贸易等生产活动。今天的维吾尔族大部分集中生活在新疆的天山以南地区，主要从事农业生产活动，兼营畜牧业、手工业、商业等。

一、农民的活银行——畜牧养殖

维吾尔族从事畜牧养殖有着悠久的历史。在历史上，特别是在840年西迁之前，活动在阿尔泰山以东、大漠南北的维吾尔族先民——袁纥、韦纥、回纥、回鹘，长期游牧在水草丰盛、气候适宜的我国北方广阔的草原上，“随畜逐水草”，终年与牛、羊、马、骆驼等牲畜为伴，居无定所，蓝天白云下，跟随牲畜，哪里水草丰盛就在哪里安家，牧养牲畜就是他们生产活动的主要内容。南北朝时期流传于敕勒各部的民歌“敕勒川，阴山下，天似穹庐，笼盖四野。天苍苍，野茫茫，风吹草低见牛羊”便生动地描述了包括维吾尔先民袁纥在内的我国北方

众多游牧部落民族的生产情景。

回纥汗国时期，畜牧业生产获得更大发展，以马的牧养为主，马在战争、生产、生活、贸易中发挥着重要的作用。当时，牧养的马匹数量多得惊人，我们可以从回纥与唐朝的“马绢贸易”和“马茶贸易”数据中看出当时回纥马的生产状况。《旧唐书·回匕传》记载，自唐朝

畜牧养殖　古丽巴哈尔提供

乾元之后（758～760 年），回纥几乎每年来唐朝内地售马一次，以马换唐朝的缯帛。出售的马，动辄数万匹。773 年，回纥人一次赶往唐朝的马就达一万匹。唐朝末年回纥帮助唐朝平定“安史之乱”，就“出兵五千，骑马一万匹”，每个士兵配备了两匹战马。可见当时回纥养马业非常发达，牧养的马匹数量很多。回纥人从内地换回大量的丝绢、茶叶及其他用品，不仅用来满足自身的需要，还转动到中亚各地销售，换取更多的生产用品和生活资料。

牲畜不但是维吾尔先民主要的生产资料，也是他们财富的主要象征，还是他们生活资料的主要来源。他们日常饮食主要是奶、酪、肉，

穿的也多是毛、皮制品，住的毡房也主要用毛、皮制作，而这些主要都来自牲畜。长期艰苦流动的草原生活，造就了游牧民族勇武强悍、流动善战的特点，回纥汗国强盛时，其骑兵部队英勇善战，驰骋疆场，多次以少胜多。

840年以后，维吾尔族在西迁之后逐渐定居，转为农业民族，但仍没有脱离畜牧养殖。高昌回鹘王国北部是广袤而优良的牧场，水草丰茂，牧养着马、羊、骆驼、牛、驴、骡等牲畜。宋使王延德赴北庭时，目睹回鹘“地多马，王及王后、太子养马，放牧于平川中，弥亘百余里，以毛色分别群，莫知其数”。《世界境域志》也提到回鹘王国有许多牧场，可见当时畜牧业规模也很大。1001年高昌回鹘王国派往沙尔比的使者曾经对自己国家的富广与强盛有这样的描述：“那里的任何一位小的长官，都拥有数百个骑兵。”喀喇汗王朝初期，境内不少操突厥语系语言的各民族仍以畜牧业生产为主，畜牧业在王朝社会经济中占有较大的比重。牧养的牲畜主要有马、牛、绵羊、山羊、骆驼、驴等。各部都有自己相对固定的牧场，马等大畜都有专门的烙印，以示区别。

由于受往日游牧习俗的影响，定居的维吾尔人也“俗好骑射”，饮食上离不开肉、奶，外出远行习惯以马、驴代步，加上农业生产中使用耕畜等原因，定居后的维吾尔农户充分利用水草茂盛的山麓草原、塔里木盆地的荒漠草场及农作物秸秆，在经营农业的同时，仍从事畜牧养殖，保持着家庭小畜牧业。一直到清朝时期，在天山以南的维吾尔族中，广大农民群众利用周围草场或荒地牧养牛、羊、马、驼等牲畜。清朝官员椿园在南疆地区看到“回子（维吾尔）宴会，总以多杀牲畜为敬，驼马牛均为上品，羊或至数百只”，连下层“最穷苦之小回亦有牛羊驼马”。可见维吾尔族中牧养牲畜之普遍，数量也比较多。

直到今天，早已是以农业生产为主的维吾尔族人，仍保留着畜牧养殖的传统习惯，喜欢养羊、养牛。维吾尔族畜牧养殖一般以家庭养

殖为主，比较重视羊、牛、驴、马、骆驼等牲畜的牧养和饲养。几乎每户农民家庭中，都养殖了羊、牛、驴等牲畜，尤以绵羊数量最多。绵羊的养殖一方面是为了食用，更重要的方面是为了交换，一旦维吾尔族农民亟须用钱时，往往会拉出几只羊到牲畜市场出售，以解燃眉之急，故家庭养殖业也被誉为“农民的活银行”。在农村，再贫穷的维吾尔族农民家庭都会养殖几只绵羊。我们从维吾尔族“没有牲畜的人，如同没有生命”的俗语中也可看出畜牧养殖在维吾尔人心中的重要地位。驴、牛、马等的养殖主要是作为畜力，或交通运输工具。在南疆

牲畜市场买卖牲畜 古丽巴哈尔提供

农村，驴的饲养比较普遍，每家至少养有一头毛驴，不仅用于生产，也是逛巴扎、走亲访友的交通工具。每逢巴扎日赶巴扎或逢年过节走亲戚，维吾尔族会坐着毛驴车举家出动。维吾尔人非常爱护所饲养的家畜，一般不轻易杀牛吃，更不会为吃肉而杀马。如今，家庭畜牧养殖业仍是维吾尔族农民家庭经济收入的一个重要来源。

二、独特的绿洲灌溉农业

维吾尔族主要是一个农业民族，有经营农业的悠久传统，根据新疆的地理环境，发展了绿洲灌溉农业。维吾尔族的先民开垦了绿洲，修渠引水，并发明了“坎儿井”这一独特的地下引水系统。小麦、玉米是维吾尔族农家普遍种植的粮食作物。新疆的自然条件利于种植棉花，维吾尔族先民在1000多年前就开始植棉，其中长绒棉质地优良，最为有名。种植瓜果是维吾尔族的特长，主要有葡萄、哈密瓜、西瓜、香梨、石榴、樱桃、无花果等。

瓜果市场 古丽巴哈尔提供

维吾尔族经营农业的历史也很悠久。在以畜牧业生产为主的时期，为补贴生活中口粮的不足，也有部分牧民种植小麦、青稞、大麦等农作物。回纥汗国强盛时期，种植业略有发展。在回纥汗国活动过的鄂尔浑河畔，今天考古发现不少当时回纥人使用的石磨，可见当时回纥

人中对粮食的消耗已相当可观，也说明这里的农业生产有一定发展。另外，回纥汗国后期，在鄂尔浑河畔及其他回纥活动地区建有不少城堡，这说明部分回纥人，特别是上层统治者中的部分回纥人已开始过农业定居生活了。

840年前后，称雄漠北草原的回纥汗国解体，部众四散，西迁的两大支先后与当地原有部落民众相结合，建立了以回鹘人为主的高昌回鹘王国和喀喇汗王朝。在回鹘人大批西迁之前，今新疆天山以南地区和中亚一带，早已是以农业生产为主的地区，这里原有的居民也主要从事农业生产活动，而且已达到较高的水平。回鹘部众迁居这里以后，由于环境的改变和受当地居民生产生活方式的影响，许多人很快就改变了过去的生产、生活方式。

搬运哈密瓜的维吾尔族姑娘　张新军摄

高昌回鹘王国统治下的吐鲁番盆地、哈密、焉耆、库车等绿洲地区，有着悠久的种植业历史。高昌回鹘王国时期，由于社会相对比较

稳定，农业生产获得进一步发展。农民种植的小麦、大麦、水稻、豆类、芝麻、棉花等作物，不仅可以满足王国内居民衣食的需要，还可以拿出部分产品对外进行交换。这里的瓜果，特别是传统的葡萄生产十分发达，吐鲁番生产的无核葡萄和长圆形的马奶子葡萄，在王国内外享有盛名。不仅寻常百姓多在室前院后栽种葡萄，很多封建主也经营葡萄园。用葡萄酿制的葡萄酒更是香飘四溢，成为当地居民重要的饮料。据史料记载，王宫里每天三顿饭都要饮葡萄酒，富有者家中往往酿制葡萄酒多到几百石。

新疆是我国种植棉花最早的地区，早在东汉时期就已经有棉布。1959 年在巴楚县脱库孜沙来遗址的晚唐（约 9 世纪）地层中，不仅发现了棉布及花纹美观的蓝白织花棉织品，还发现了一些棉籽。王国内种植的棉花也比较有名，棉花种植和棉花纺织都出现了专业化经营的趋势，织成的布柔软耐用，不仅满足了王国内居民的需要，还成为高

棉花丰收 民族画报社供图

昌回鹘人对外进行物质交换的重要商品。据出土的回鹘文契约文书记载，棉花和棉布可以用来购买奴隶、土地、葡萄园和其他物品，起着

类似货币的等价交换物的作用。由于高昌回鹘王国境内，特别是统治中心的吐鲁番地区气候极其干燥，为了保证农业生产正常进行，王国上下都非常重视水利设施的建设。吐鲁番地区农民特有的水利灌溉技术——坎儿井随处可见，引用的地下水不断滋润着肥沃的土地，保证了境内农业生产获得好收成。

喀喇汗王朝时期，农业生产也获得较快发展。河中地区，特别是喀什噶尔、于田、叶尔羌、阿克苏等塔里木盆地西南缘是传统的农业区，农业生产历史久远。早在西汉时期，这里已是“城郭之国”，当地居民主要从事农业生产活动，经过长期发展，农业生产水平已相当高。喀喇汗王朝的回鹘人到达这里后，许多人很快就放弃了艰辛的游牧生

葡萄丰收　宋士敬摄

活，与这里的农民一起种植小麦、大麦、玉米、高粱、豆类、棉花、油料等农作物。另外，他们还生产瓜果、蔬菜，水果园艺也十分发达。特别是生产的棉花质量很好，被中原人称为“鲜洁细软，可为线为绳、为帛为锦”。另外，这里的蚕桑业也在经济中占有重要地位，于田、叶尔羌和喀什噶尔等地农民种桑养蚕比较普遍。喀喇汗王朝时期园艺业

得到较大发展。境内瓜果品种众多，出产的葡萄、杏、梨、甜瓜、石榴、核桃、桑葚、巴旦木等同样称誉各地。水果生产中，一项引人注目的进步是可以用水果加工许多干果和果酱。这一时期，由于农业生产发展的需要，农田水利灌溉事业也得到了发展。王朝政府十分重视水利设施的建设，进行了一些重大的水利工程建设，为保证水渠畅通，经常组织人力维修水渠，政府专门设有管理水利的徭役。喀喇汗王朝时期人们已知道在水渠上建立水磨，用水轮来带动石磨把粮食加工成面粉。

察合台汗国和叶尔羌汗国时期，西迁的回鹘人与当地部落民众融合基本完成以后，已完全改变了在大漠南北那种“随畜逐水草”的生产生活方式，成为了天山以南的主要农业民族。叶尔羌汗国后期，天山以南各绿洲的定居农业已相当发达，农业人口已经很多。清朝时期的维吾尔族基本上定居于各绿洲进行生产和生活，所以，在塔里木各绿洲形成了许多村庄。《西域图志》描写说：“回部……城村络绎，棋布星罗，几于烟火相望。”

新疆葡萄干　姜晓明摄

20世纪50年代以前，维吾尔人在进行农业生产中，已广泛使用畜力和犁耕，主要的翻地工具为“砍土曼”。耕作方法比较粗放，使用牛马驴羊粪肥田。20世纪50年代以后，维吾尔族人开始使用双轮双铧犁、条播机等新式农具。近一二十年来，新疆农业生产发展迅速，加快了农业机械化推广。目前，农民家庭普遍购买了小型拖拉机，田间

运输、耕作基本上实现了机械化和半机械化。

三、发达的手工业

维吾尔族的手工业生产有着悠久的历史传统和精湛的技艺。在回纥汗国及其以前的较长时期内，维吾尔先民一直以畜牧业为主，手工业生产活动也多与皮毛的加工制作有关，他们制作的皮衣、皮帽、皮靴、马鞍、刀剑皮套都很有名。今天在鄂尔浑河地区的考古中，还发现有当时工匠住的房子，制作的铜器、铜镜等物品，可以从中看出当时回纥汗国内手工业生产已有相当规模。

民族手工业　朱明俊摄

回鹘西迁定居后，手工业生产获得很大的发展，除传统的皮革制造、毛纺织等手工业外，其他行业的手工业生产也发展起来。高昌回鹘王国和喀喇汗王朝手工业门类很多，其中以纺织业、制革业、金属冶炼制造业、玻璃制造、制陶等行业最为突出。

纺织业分棉纺、丝纺、毛纺三类，以棉纺织业最为驰名，棉布产量十分可观。棉布不仅是维吾尔人的主要衣服面料，更是输入关内的大宗商品。当地出产的白叠布、花蕊布质地优良，在关内久负盛名。棉布生产已普遍采用染色、印花技术。毛纺织技术继承了以前的传统，喀什噶尔、叶尔羌、和田等地都能生产花色和图案均很美丽的地毯，以供坐卧或装饰居室。宋元时代，维吾尔族纺织工匠创造了织金锦的新颖工艺。元朝政府对这一新工艺极为重视，称这种织金锦为“纳失失”，曾设“别失八里局”专门织造御用的织金锦。明清以来，维吾尔族的丝织工匠吸收先进的纺织技术，精心织造中亚人所喜爱的图案花纹。

维吾尔人习惯穿皮制长靴、扎皮带，车、马具也离不开皮革制品，因此制革业也比较发达。制作的靴子、鞍具、箭袋、皮带、提包等造型美观，精巧耐用。当时的制革工匠已经掌握了用硇砂软化加工皮革的技术。

新疆境内矿产丰富，根据考古资料发现，当时的采矿冶炼业已经达到较高的水平，采矿技术较先进，工匠的冶炼技术具有很高的水平。王延德称：回鹘人性工巧，善于冶炼金、银、铜、铁，做成各种器具，还会雕刻工器。金属制造业的水平很高，金属制品种类繁多，小到妇女戴的首饰，大至壶、盘等生活用品，以及生产工具均有。这一时期制陶业比较发达，制作的壶、瓶、罐、碗、盘、杯、缸等各种陶器，图案精美，既实用又美观。当时工匠已普遍使用陶轮，陶窑内使用三脚架放置陶坯。

民族工艺品迎宾壶　吴宽宏摄

喀喇汗王朝的手工业者，除上述几种外，还有石匠、靴匠、木匠、弓箭匠、油漆工、建筑工匠、画师等多种，工匠的社会地位较高，经济收入亦好。

在以后的察合台汗国、叶尔羌汗国，乃至清朝时期，维吾尔族地区的手工业生产更为发达，生产技术不断提高，生产的产品也更为繁多。维吾尔族人仅制造的农具就有犁、耙、镰刀、斧子、砍土曼等多种。喀什、和田等地

制作铜器　古丽巴哈尔提供

手工制作的地毯花色图案都非常精美，成为各族群众喜爱的产品。棉纺织品中有土布、印花布、褡裢布等多种，结实耐用，图案美观，除本地人穿用外，还大批运往外地。制造的帽子种类也很多，有“特勒帕克”（皮帽）、“喀勒帕克”（毡帽）、“多帕”（花帽）等数类，各类中又有数种样式和花色。木器制作、玉石雕刻等都达到较高水平。内地一些满汉文人到南疆维吾尔族地区活动，对维吾尔族中高超的手工业生产活动也赞不绝口，称说“其人性巧，善雕刻”，“习技巧，攻玉镂金，色色精巧”。维吾尔族的能工巧匠对乐器的制作更是别具特色，制作的各种乐器，不但造型独特，而且音色悦耳动听。

维吾尔族传统发达的手工业生产，一直到近现代都是维吾尔族社会经济活动中的重要组成部分，而且为维吾尔族开展内外贸易，特别是对外贸易活动提供了丰富的物质基础。

四、崇尚经商的民族

新疆地处“丝绸之路”的商道上，生活在新疆的维吾尔族有着较为悠久的经商传统，发展了“巴扎”（集市）的贸易形式。

早在大漠南北从事游牧时期，由于生活的需要，袁纥、韦纥、回纥的统治者就非常重视对外贸易活动，特别是与中原汉族农业地区的贸易一直比较活跃。他们用牲畜和畜产品换取粮食、布匹、丝绸、茶叶、瓷器、铁制品等生活用品。尤其是回纥汗国时期，与唐王朝开展的大规模的“绢马贸易”、“茶马贸易”，每年都用马从唐王朝换回丝绸绢数十万匹，茶叶上百万斤。回纥人把从内地换回的丝绢、茶叶及其他用品，除满足自身的需要外，还把一部分转运到中亚各地销售，换取更多的生产用品和生活资料。

840 年以后建立的高昌回鹘王国和喀喇汗王朝，位于中西丝绸之路交通的中部要道，为更大规模地开展商业贸易活动提供了便利。高昌回鹘王国和内地的商贸往来更加频繁，回鹘商人足迹遍及关内许多地区。据历史文献记载，高昌回鹘王国的贸易使团几乎每年都要到内地活动，以当地生产的宝刀、乳香、马匹、骆驼、琥珀等换取宋朝的绸缎、茶叶、瓷器、漆器等。

巴扎上卖布料的商人 古丽巴哈尔提供

喀喇汗王朝地处中西交通的枢纽，加上王朝的重商政策，王朝的商业活动十分繁荣，不但境内的商品生产和交换日益活跃，过境贸易

更见繁荣。运往内地的商品主要是珠玉，无论是同东方的宋、辽、西夏，还是南方的印度、阿富汗，西方的伊朗以及西亚和东南欧等都保持着频繁的商业往来。11 世纪初王朝吞并于田以后，国界近抵河西，出入关内十分方便。史载，商旅经和田到宋境，远者不过一两年，近的每年来两次。当时喀喇汗王朝运入内地的商品主要有珠玉、珊瑚、象牙、香料、水银、花芯布、西锦等，这些东西有些是王朝内生产的，有些是从南亚或西亚地区贩运的。商人从内地运回的有金银器具、绸缎、茶叶、瓷器、工艺品等。喀喇汗王朝人十分喜爱内地商品，正如《福乐智慧》所言："倘若契丹商队的路上绝了尘埃，无数的绫罗绸缎从何而来?"喀喇汗王朝的对外贸易远及阿富汗、伊朗、印度等地。考古出土的大量喀喇汗王朝的钱币证明了王朝商业的繁荣。

元、明、清时期，随着维吾尔族的逐步形成和农业、手工业生产的发展，内外贸易活动更趋于成熟和经常化。维吾尔族地区普遍采用集市的方式进行商业贸易活动。这种集市称作"巴扎尔"，每 7 天举行一次。集市中交易的货物十分丰富，参加交易的人也很多。17 世纪初，叶尔羌汗国时期，利玛窦在《鄂本笃访契丹记》中就记道："雅儿看（即叶尔羌）为喀什噶尔国之都城，商贾如鲫，百货交汇，屹然为是著名商场。"18 世纪时，叶尔羌是维吾尔族地区最大的商业城市和对外贸易中心，《西域闻见录》中也记载道：清朝时叶尔羌城的"'八栅尔'街长十里，每当会期，货若云屯，人为蜂聚。奇珍异宝，往往有之。牲畜果品，尤不可枚举"。"中国商贾山陕江浙之人不辞险远，货贩其地。而外藩之人，如安集延、退摆特、郭酣、克什米尔等处，皆来贸易。"此外，在维吾尔人集中生活的喀什噶尔、阿克苏、和田、哈密等地，商业贸易活动也非常活跃，内地各省和中亚各国的商人，都会集到这些地方进行买卖。阿克苏"地当孔道，以故内地商民，外番贸易，鳞集星萃，街市纷纭。每逢八栅尔会期，摩肩雨汗，货如雾拥"①，可

维吾尔族人的摊档　王达理摄

以想象当时巴扎的热闹场面。1764 年，经调查，叶尔羌一城就有专业维吾尔商人 200 余名。各城镇的维吾尔商人活动的范围十分广泛。有的长期在内地经商，经商地区远至北京等内地城市。

进入近代，南疆维吾尔族地区的商业贸易活动仍然比较活跃，据《新疆图志》记载，南疆的蚕丝产量由过去的 30 多万斤增加到 70 万斤，大部分运出作为商品进行贸易。每年生产布匹 70 余万匹、地毯 17 000余条、毛毡 78 000 余条，许多也作为商品拿到市场去买卖。南疆的莎车、喀什、阿克苏等地都是当时重要的商业贸易中心城市，中外商人所开设的店铺林立，成为中外货物的集散地。

货币的流通在商业活动中占有重要地位。清朝统一新疆之前，维吾尔族地区主要流通一种叫作“雅尔玛克”的红铜质钱币，各地贸易均以这种货币进行交换。钱文正面用托特蒙文铸准噶尔台吉的名字，背面用“察合台文”铸造地的地名。钱币小而厚，中间无孔。清朝统一之后，清政府出于统一、规范、便于流通等目的，将维吾尔族地

区的货币改铸，以红铜为质，币圆形而中有方孔。钱币正面为汉文，背面一边铸维吾尔文，一边铸满文。

第二节　维吾尔科学技术的奇葩

一、绿洲的生命之源——坎儿井

坎儿井是新疆特有的地下水利灌溉工程，古称“井渠”，维吾尔语称“喀日孜（kariz）”。它是新疆绿洲文明的象征，与横贯东西的万里长城、纵贯南北的京杭大运河并称为中国古代三大工程。

新疆大约有坎儿井 1600 条，主要分布在吐鲁番盆地和哈密盆地，尤以吐鲁番地区最多，总长约 5000 公里，相当于从乌鲁木齐到哈尔滨的里程。

坎儿井雕塑　曾宝琪摄

坎儿井在吐鲁番盆地历史悠久。长期以来是吐鲁番各族人民进行农牧业生产和人畜饮水的主要水源之一。由于水量稳定水质好，自流引用，不需动力，地下引水蒸发损失少，风沙危害少，施工工具简单，技术要求不高，管理费用低，便于个体农户分散经营，深受当地人民喜爱。

坎儿井之所以能在吐鲁番大量修建，是与这里的自然条件分不开的。吐鲁番盆地地势很低，低于海平面以下的面积就有 2085 平方千米，吐鲁番还四面环山，每年高山上的积雪大量融化后流入山谷。当雪水流经戈壁时便渗入地下形成潜流，这就给坎儿井提供了丰富的水源。其次，吐鲁番地区干旱少雨，水的蒸发量大，而坎儿井是地下暗渠输水，蒸发量小而流量稳定，可以常年自流灌溉。因此，维吾尔人民在长期与干旱的斗争中，发明了这种凿井灌田的方法。

坎儿井 古丽巴哈尔提供

坎儿井由立井（竖井）、暗渠（地下渠道）、明渠（地表渠道）和涝坝（蓄水池）四部分组成。首先在高山峡谷地带的雪水潜流处，寻找到水源，然后每隔 20～30 米打一眼竖井，井深十米至几十米不等，将地下水汇聚，以增大水势，再依地势高下，在井底凿通暗渠，或叫横渠，是地下的集水道和输水道，沟通各井，引流直下，一直连接到遥远的绿洲，再将水由明渠引出地面，加以灌溉。涝坝则是一个调节

水量的蓄水池。一条坎儿井，一般长约 3 千米，最长者往往是几条坎儿井相连达几十甚至上百千米，其间竖井少则几十口，多则三百余口。上游的竖井较深，个别可达 100 米上下，下游的较浅，一般仅数米。每条坎儿井的长短各不相同，长的可达 20 千米，短的只有 100 米左右。最古老的坎儿井是吐尔坎儿孜，它位于吐鲁番市恰特卡勒乡庄子村，全长 3.5 千米，日水量可浇 20 亩地，至今已使用了 470 多年了。名气最大的坎儿井是米衣木・阿吉坎儿井，它全长 5 千米，最深处为 80 米，日水量可浇地 70 亩，已有 200 年的历史，它是维吾尔人米衣木・阿吉开掘而成的，故以此命名。

坎儿井的作用是避免水分蒸发，这项工程实属适应干燥气候特点的一种伟大创举。当地人民全凭双手和简单的工具，凿打深井，掏挖地下渠，其工程之浩大，构造之巧妙，让人叹为观止。一道坎儿井就是一眼不枯的清泉，道道坎儿井，构成了火洲的生命线和命脉，使新疆这个降雨稀少的地方有了水源的积聚，从而成为新疆人民生活中不可缺少的生命之泉。直到今天，坎儿井还在吐鲁番地区的农业发展中起着举足轻重的作用。

二、生产活动的好帮手——天文历法

维吾尔族的天文学知识源远流长。维吾尔族祖先在长期从事畜牧业、农业生产的过程中，通过反复观察，根据太阳、月亮和一些星辰的运行变化，逐渐掌握了天体变化的规律，掌握了许多天文学知识。古代维吾尔族中有专门观察自然现象和天体变化的“星相家”。为了便于观察，他们按照以太阳为中心运行的特征赋予各行星专有的名称。维吾尔族星相家们通过观察，总结了不少经验，认为当“双鱼星”隐约可见时，冬季即将结束；当“羊羔星”升起时，预示着开春了；当“天秤星”显现时，气候开始凉爽，小麦、大麦开始成熟；当“宿女星”显现时，预示着冬天就要来临；太阳变得昏暗时，将要下雪；当月亮变得昏暗时，天气将会晴朗等。古代维吾尔人通过观察得出夏天炎热，冬季将会寒冷；霜降来得晚，春天也会来得迟等自然现象。

喀喇汗王朝时期的哈斯·哈吉甫在其《福乐智慧》一书中介绍了当时的许多天文学知识，并在第五章《论七曜和黄道十二宫》中，以诗歌的形式描述了七曜和黄道十二宫。作者介绍了七曜的名称、特性、位置及其出现的时间，并根据“地球中心说”列出了行星在太阳系中的排列顺序，画出了七曜星图。如“天上的星体，一些是点缀，一些是向导，一些是斥候。一些为世人赋予了光明，一些当你迷路时，将你援救”。所谓黄道十二宫，即十二个星座，把天空中一年四季出现的可以观察到的星群分为十二组。他在书中写道：“除了七曜之外，还有黄道十二宫，有的成双成对，有的孤闱独守。”指出了黄道十二宫在星空中相互为邻，一年中按季节出现，不断交替变换，每一个星座分别代表着不同的月份、季节。如“白羊是春天之星，其次是金牛，双子和巨蟹，结伴行走。天狮和室女，二者是近邻，天秤、天蝎、人马，结成了朋友。然后是摩羯、宝瓶和双鱼诸座，它们一出现，天空就灿若锦绣”，“三者属春天，三者属夏天，三者属秋天，三者为冬天所有”。

马合木德·喀什噶里也在其著作《突厥语大词典》里收集了许多天文学的资料，如“傍晚出现火烧云，妻儿如亲人；清晨出现火烧云，家中起哭声”，“月出晕伴生，白云浮晴空。云头堆叠起，大雨自天倾”。民间也有“月晕白，雨雪来；月晕红，天放晴”的说法。维吾尔族民间把金牛宫之七星称为“于凯尔”星座。夜行人利用这个星座定方向，如同使用罗盘。人们认为，于凯尔渐大，天气就会变化。维吾尔族谚语说：“于凯尔掠过天边，节气就属夏天。”民间有“七星显，天气变；七星不坠，地温不升”的说法。维吾尔族民间还把北极星称为“铁木尔阔足克”（意为“铁桩”），并把此星作为夜间行路或军队夜

出时方向的标尺。对火星、金星、土星、水星等星体予以维吾尔族的称呼，并正确认识到这些星体运动与地球气候、季节变化的规律。

夫子摄

古代维吾尔人的祖先根据月亮的圆缺、日出日落，大阳升到中天的时分、一年四季的交替等现象，制定出比较完整的历法——穆且勒。根据太阳、月亮、行星的运行规律计算出 12 年为一个周期，每一年用一种动物的名称命名。这 12 种动物分别为鼠、牛、虎、兔、龙、蛇、马、羊、猴、鸡、狗、猪。

根据穆且勒历法，古代维吾尔人把一年分为四季、十二个月，三个月为一“托克山”（90 天），即一季，三十天为一个月，两个节气为一个月，十五天为一节气等。将三月二十二日作为一年之始，这一天被定为新年，举行庆祝活动，迎接新的一年的到来。在古代维吾尔人中最初没有星期的概念，在接受伊斯兰教以后才开始使用。维吾尔人分别赋予十二个月专有的名称，分别为：一、羊羔；二、牛；三、孪生子；四、老虎；五、鳄鱼；六、麦穗；七、天秤；八、龟蝎子；九、弓；十、蜂窝；十一、山羊羔；十二、鱼。维吾尔历法的一月，即阳历三月。

古代维吾尔人全年的生产活动都是按照这个历法推算的时间、季节、节气进行的。例如，到了立春、惊蛰节气，就进行春耕和接羔、育幼；到了清明、立夏节气，就进行作物、果园的管理，牲畜的转场（春牧场）和播种准备等事宜；到了芒种、小暑节气就进行夏收；到了立秋、白露节气，进行秋播、秋耕和土地的轮歇，以及牲畜的转场（秋牧场）等。除此之外，什么时候猎取什么动物，牲畜什么时间交配等方面，也严格按照历法确定的时节进行。一旦违背了确定的时节，那么当年的生产和生活就会遇到灾害和受到损失。“时误一日是一年，误了时节受困难”这个谚语就是对这方面最典型的写照。

维吾尔族改信伊斯兰教后，随之也接受了从阿拉伯地区传来的伊斯兰教历。现在，维吾尔族与全国其他各民族一样，已统一使用国际通用的公元纪年方法，即公历。

三、丝路奇葩——维吾尔医药学

医院 民族画报社供图

维吾尔族的医药学有着悠久的历史。2500 年前维吾尔先民用黏土、蒜汁和香草涂于肢体来预防害虫，用泡温泉、披动物皮和灼热的细沙埋肢体来解除关节疼痛，用放血减轻沙漠干热性头痛等病痛。

维吾尔医学在发展过程中，不仅吸收了中医学的精华，同时吸收借鉴印度、波斯、巴基斯坦、古希腊等国家的医学精华，创造地发展了它的基础理论药物学和医疗技术。现存于柏林的回鹘文医学文献中，有一本医治各种疾病药方的通俗医书，包括有临床各种症状和病症，药物治疗、疗法，以及其他资料，涉及的临床各科有内科、外科、皮肤科、妇科、眼科、牙科、泌尿科、耳鼻喉和精神病科，内容包括各种疾病、症状共 41 种。可见当时维吾尔医药学已经很发达了。

维吾尔族长寿老人 姜晓明摄

维吾尔医学经过长期的发展，逐渐形成了一个比较完整的理论体系。它以“土、水、火、气”为代表的“四大物质学说”和“血津、痰津、胆津、黑胆津”的“四津体液学说”为基本理论，解释人体与自然环境的关系，并创立了一套诊断和治疗疾病的方法。在诊断方面与中医的脉诊有相同之处，常以“查脉”、“望诊”、“问诊”等方法诊断疾病。分析脉象有 10 类 35 种，包括锯木式、波浪式、钉钉式、鼠行疾促式等。治疗内科疾病方面，常以内服药为主，一般将药制成糖浆剂、膏剂，同时运用熏药、坐药、放血、热敷、冷水疗、拔火罐、饮食医疗等十多种疗法。治疗外科疾病多采取服药、敷药、烙法、结扎等普通手术等疗法。药剂方面，对方剂的组成，常有主药和次药之分。临床常用复合剂，几种药进行合成，多者用 50 味，少者用 10 味，一般不用单味药。口服药剂中有糖浆剂、水果浆剂、丸剂、粉剂、膏剂、油剂、蒸馏剂、煎剂、浸剂、片剂等十多种。

维吾尔族医药学主要是由气质学说、体液学说、器官学说组成，它认为，人体的病灶主要是由气质失调，异常黑胆质所致。要治病，首先要清除体内的异常黑胆质。维吾尔医药对预防肿瘤、心血管病、皮肤病、糖尿病有独特效果。

维吾尔医学在长期发展中，逐渐在治疗白癜风、脑血管疾病、精神病、骨科病、风湿病、肠胃病、肝胆病、结石等疾病方面积累了丰富的经验，治疗效果明显。尤其在治疗白癜风方面，疗效独特。

从宋元时期流传至今，对白癜风的治疗是维吾尔族医学有代表性的成果之一。现在喀什、和田的维吾尔医医院，就是以治疗白癜风卓有成效而享有较高声誉。

沙疗是维吾尔医学的特色疗法，早在唐代，我国医学著作中就有“西域埋热沙，除祛风寒诸疾”的记载，历代名人游记中多有“火洲埋沙疗疾祛病”的描述。时至今日，埋热沙这一古老的维吾尔医学疗法，一直在天山南北流传。埋沙疗法有较强的季节性，6 月初至 8 月中旬阳光充足、日照时间长，是最佳的埋沙疗法的时期。吐鲁番盆地日照时间长、太阳辐射强、红外线充足，适于沙中磷、铁、铜、锌、钾等微量元素的释放，加之埋后所产生的机械压力与热气刺激，患者全身末梢血管扩张，血流加快、汗腺开泄，能将维吾尔医学的致病体液排

出体外，恢复体液平衡，有利于微量元素的吸收，促进新陈代谢，促进机体网状白皮细胞活跃，激活神经系统而达到治病的目的。这一传统疗法越来越受到人们的重视，全国各地和国外慕名而来的患者源源不断。卫生行政部门在吐鲁番、鄯善等地拨款修建沙疗疗养院，接待来自各地的患者。吐鲁番的维吾尔医医院以其独特的沙埋疗法而享有盛誉。患者或躺或卧、或跪或坐，将身体的一部分埋在滚烫的沙子中治疗疾病，气温高达40℃以上。这种疗法，对治疗各种类型的关节炎、慢性腰腿疼、坐骨神经痛、脉管炎、慢性附件炎等有明显效果，对神经系统某些疾病及轻、中度高血压也有相当疗效。

接骨疗法也是维吾尔医特色疗法之一，其历史悠久，以其独特的方法和显著疗效一直延续流传，维吾尔医接骨时，根据骨折部位及骨折性质进行牵拉接对。骨骼复位后，用鸡蛋清或蛋黄外加沙拉吉提（维医用于治疗骨折的一种药物）和食盐调和后涂抹在骨折处，再用绷带、纱布包扎。遇有长骨骨折或复杂骨折，用夹板固定，一般7天、10天或15天更换敷料一次，此种接骨具有止痛消肿、活血化瘀之功效，加快骨质生长，促进骨折早日愈合。

一些朴素的医学理念经过数千年的传承，已经深深植根于维吾尔人的日常生活中。几乎家家户户都懂得疾病防治知识，非常注重饮食疗法，一般的人们都知道，吃了热性的肉和抓饭，要喝凉性的酸奶等。如吃抓饭、吃烤肉上火了，人们会说“我的胆液质升高了”“我的黏液质升高了”。要是有人腿骨折了，家人会立即用鸡蛋清纱布给他包上再到医院。因为鸡蛋清可以消肿止痛、退热，起固定作用。维吾尔族人还喜欢喝药茶、药酒来调理身体。药茶是维吾尔族特有的传统保健茶，以肉桂、丁香、孜然、胡椒等多种天然植物加工制成，具有健脾、健胃、化食、散寒、驱风、醒脑等功效。这种药茶尤受和田、喀什等地维吾尔人的喜爱。药酒以南疆阿瓦提的葡萄作原料，配以鹿茸或鸽子血、藏红花、小豆蔻、丁香等加工制成，“穆塞莱斯”最为著名，是维吾尔族有名的药酒，含有微量的酒精，味道酸甜，具有舒筋活血的功能。

改革开放以后，维吾尔医学有了新的发展，不仅有了专门的医院和病床，还增添了现代化的医疗设备，有了培养维吾尔医的专门学校，整理出版了一批维吾尔文版的医药学著作。一些医术精湛、德高望重的维吾尔族医生，一面为各族人民诊治疾病，一面总结医疗实践经验，培养年轻的医务人才。现在南疆几乎每一个县都有维吾尔医医院。

第三节 新疆经济发展

新中国成立前，新疆的经济发展极为缓慢，物质产品匮乏，人民生活十分贫困。经济是以农牧业为主体的自然经济，生产力水平低下，农作物产量低。工业十分落后，使用机器生产的工厂仅有 14 个，而且规模很小，其他均为手工作坊或手工工厂。没有一寸铁路，只有几条坎坷不平的简易公路，交通运输主要依靠骆驼、毛驴驮运。民航只有 3 个航站（哈密、乌鲁木齐、伊犁）和连接 3 个航站的 1 条航线。1949 年 9 月 25 日，新疆和平解放，1955 年 10 月 1 日，新疆维吾尔自治区成立，掀开了新疆历史发展的新篇章。特别实行改革开放政策以来，在新疆各族人民的艰苦奋斗和国家的大力支持下，新疆的经济建设取得了辉煌的成就。2010 年，新疆国内生产总值 5437.47 亿元，比 1949 年增长了 50 多倍；一、二、三产业增加值在生产总值中的比重由 1955 年的 54.4：26.1：19.5 调整为 2010 年的 19.8：47.7：32.5，过去单一的农业生产方式得到了根本的改变。

新疆农牧业资源丰富，特色园艺业、种植业迅速发展。2010 年，棉花总产量 247.9 万吨，占全国棉花总产量的近 41.6%；牲畜年末存

栏3722.15万头，肉类总产量121.7万吨，牛奶产量132.8万吨；新疆已成为全国最大商品棉、全国重要的畜牧业。新疆还是全国最大的番茄酱、啤酒花、甜菜糖、红花、枸杞生产基地，番茄酱出口量占国际贸易量的1/4，啤酒花产量占全国总产量的70%，甜菜总产和单产均位居全国第一。2010年，农林牧渔总产值达1846.18亿元，为发展新疆的工业、商业、对外贸易以及国民经济建设提供了无可替代的生产资源。林果园艺业快速发展，总面积已超过1000万亩，久负盛名的哈密瓜、葡萄、香梨等“名特优”产品远销国内外市场。

新农村民居　民族画报社供图

改革开放以来，特别是随着西部大开发战略的深入实施，新疆水利、交通等基础设施建设取得显著成效，极大地增强了经济社会发展后劲。根据“绿洲生态、灌溉农业”的特点，建成了以阿克苏克孜尔水库、和田乌鲁瓦提水利枢纽等为代表的一批现代大型水利工程和大批干支渠及其防渗工程，全区的引水量、水库库容和有效灌溉面积迅速增加。目前全区水库总库容 83.8 亿立方米，总灌溉面积 7111.3 万亩，高标准节水灌溉面积 1174 万亩，为农业用水提供了便利，极大地改善了农业生产条件，有力地促进了农业资源开发、生态环境保护和农村经济发展。1949 年，通车里程仅 3361 公里。2010 年年底，新疆已有国道主干线 8 条、省道 66 条、县级公路 600 多条，通车总里程达到 15.3 万公里，基本形成了以乌鲁木齐为中心，国道干线为主骨架，环绕两大盆地（准噶尔盆地、塔里木盆地）、穿越两大沙漠（古尔班通古特沙漠、塔克拉玛干沙漠），东联甘肃、青海，南接西藏，西出中亚、西亚各国，北达蒙古的干线公路交通网。铁路运输从无到有，不

风力发电 夫子摄

断发展，自 1962 年底兰新铁路铺轨到乌鲁木齐以来，相继建成南疆铁路、北疆铁路以及兰新铁路复线等工程，2010 年新疆铁路营运里程达 4393 多公里。航空事业发展迅速，已形成以乌鲁木齐为中心，联结国内外近 70 个大中城市和区内 12 个地州市，拥有 114 条国内外航线的空运网，通航里程达到 17.7 万多公里，成为国内拥有航站最多、航线最长的省区。乌鲁木齐国际机场现已成为我国第 4 大国际航空港。邮

电通信业快速发展，基本形成程控交换、光纤通信、数字微波、卫星通信、移动通信等完整的现代化通信体系，光缆、数字微波和卫星通信等现代化传输网络已覆盖全疆。

新疆是中国向西开放的重要门户，也是新亚欧大陆桥的重要通道，与蒙古、俄罗斯、哈萨克斯坦、吉尔吉斯斯坦、塔吉克斯坦、阿富汗、巴基斯坦、印度8个国家接壤，是中国陆地边境线最长的省区。改革开放以来，新疆充分发挥地缘区位优势，积极开拓中亚、西亚、南亚、东欧和俄罗斯市场，加强与内地特别是沿海发达地区的经济技术贸易合作，形成了全方位、多层次、宽领域的开放格局。目前，新疆有一类口岸17个，二类口岸12个，辐射周边十几个国家。已与167个国家和地区建立了经贸关系。2010年全区外贸进出口总额171.3亿美元，是1978年的730倍，居中西部地区前列。新疆已逐步形成了沿边、沿桥和沿交通干线向国际、国内拓展的全方位、多层次、宽领域的对外开放格局，已成为中国向西开放的前沿。

石油化工厂　民族画报社供图

新疆是中国的石油、天然气、煤炭等矿产资源最为丰富的地区之一。改革开放以来，新疆进入了快速发展期，努力将资源优势转化为经济优势，通过资源开发带动新疆经济快速发展，相继建成了准噶尔油田、塔里木油田、吐哈油田三大油田基地，初步形成克拉玛依、独山子、乌鲁木齐、库尔勒、库车五大石油化工基地。2010年，原油产量2558.2万吨，天然气产量249.9亿立方米，分别比1978年增长7.2倍、99.6倍，天然气产量居全国第一位。特别是随着西气东输一线二线、中哈石油管线、独山子千万吨炼油和百万吨乙烯等工程建设，奠定了新疆作为全国重要的战略能源基地和国际能源安全大通道的地位。随着新疆石油、天然气的开发以及中国与西亚国家在相关领域的合作，新疆的管道运输建设快速发展，2010年新疆拥有各类油气输送管道11 464多公里，基本形成了北疆、南疆、东疆油气管网的框架。西气东输气源地——塔里木油田的探明储量超过前50年的总和，累计探明储量超过1万亿立方米，是中国最大的天然气田，已成为我国重要的石油天然气生产和石油化工基地。塔里木油气田的开发，在沙漠上造就了新的绿洲和推动了中国西部最有魅力的库尔勒市发展。在加强矿产资源勘探开发的基础上，相继建成了卡拉通克铜镍矿、阿西金矿、阿舍勒铜矿、罗布泊钾盐等一批重点项目，钢铁、贵金属、有色金属、非金属矿产资源的开发已初具规模。近年来，依托煤炭资源进行的煤电煤化工产业在新疆快速兴起。作为中国主要的资源战略基地，新疆对中国经济的能源、矿产以及其他轻工产品的原料供给越发重要，在中国未来的经济发展中新疆的资源、区位优势会显得越来越重要。

参考文献

［1］［伊朗］志费尼：《世界征服者史》，内蒙古人民出版社，1981年.

［2］《维吾尔族社会历史调查》，新疆人民出版社，1985年.

［3］《新疆维吾尔族建筑装饰》，新疆人民出版社，1985年.

［4］新疆风物志丛书编写组：《新疆风物志》，新疆人民出版社，1985年.

［5］严汝娴主编：《中国少数民族婚姻家庭》，中国妇女出版社，1986年.

［6］万桐书：《维吾尔族乐器》，新疆人民出版社，1986年.

［7］新疆民间文学研究会：《新疆民间文学》（第10集），新疆人民出版社，1986年.

［8］中央民族学院少数民族文艺研究所：《中国民族民间文学》，中央民族学院出版社，1987年.

［9］《维吾尔族简史》编写组：《维吾尔族简史》，新疆人民出版社，1989年.

［10］楼望皓：《新疆民俗》，新疆人民出版社，1989年.

［11］中国各民族宗教与神话大词典编审委员会：《中国各民族宗教与神话大词典》，学苑出版社，1990年.

[12] 阿布都热依木·艾比布拉：《维吾尔风俗志》（维吾尔文），新疆人民出版社，1993 年.

[13] 中国伊斯兰全书编委会：《中国伊斯兰百科全书》，四川辞书出版社，1994 年.

[14]《和田风物》编辑委员会：《和田风物》，新疆美术摄影出版社，1994 年.

[15] 袁志广、刘琳：《天山南北的民俗与旅游》，旅游教育出版社，1995 年.

[16] 阿布都克里木·热合曼、热外都拉、西热甫·胡西塔尔：《维吾尔族习俗》（维吾尔文），新疆青少年出版社，1996 年.

[17] 齐清顺、巴哈尔古丽：《维吾尔族》，新疆美术摄影出版社，1996 年.

[18] 薛宗正主编：《中国新疆古代社会生活史》，新疆人民出版社，1997 年.

[19] 阿布都克里木·热合曼主编：《维吾尔文学史》，新疆大学出版社，1998 年.

[20] 库德热提·阿不里米提：《新疆民族体育》，新疆科技卫生出版社，1998 年.

[21] 李进新：《新疆宗教演变史》，新疆人民出版社，2003 年.

[22] 安尼瓦尔·赛买提：《禁忌与维吾尔传统文化》，新疆人民出版社，2004 年.

[23] 新疆维吾尔自治区对外文化交流协会编：《维吾尔族民俗文化》，新疆美术摄影出版社、新疆电子音像出版社，2006 年.

[24] 田雪原主编：《中国民族人口（四）》，中国人口出版社，2006 年.